INSTITUTIONS

DU

DROIT DE LA NATURE

ET DES GENS,

PAR GÉRARD DE RAYNEVAL.

NOUVELLE ÉDITION.

TOME SECOND.

PARIS,

REY ET GRAVIER, LIBRAIRES,
QUAI DES AUGUSTINS, N° 55.

1832.

COURS

DE

MÉDECINE LÉGALE,

THÉORIQUE ET PRATIQUE;

SUIVI

DES LOIS D'EXEMPTION DU SERVICE MILITAIRE,
POUR CAUSES D'INFIRMITÉS, etc.

OUVRAGE utile, non-seulement aux Médecins et aux Chirurgiens, mais encore aux Juges et aux Jurisconsultes.

Par J. J. BELLOC,

Médecin opérant, Professeur particulier de Médecine et de Chirurgie, Membre de la Société d'Agriculture, Sciences et Arts séante à Agen, Correspondant de la Société de Médecine et de celle de l'École de Paris; des deux Sociétés de Médecine de Montpellier, de celle de Toulouse et de celle d'Émulation de Bordeaux.

TROISIÈME ÉDITION, REVUE, CORRIGÉE ET AUGMENTÉE.

---

*Ego fateor me ex eorum numero esse conari, qui
proficiendo scribunt et scribendo proficiunt.*
DIV. AUGUST. litt. 143.

A PARIS,

Chez MÉQUIGNON l'aîné père, Libraire de la Faculté de
Médecine, rue de l'École de Médecine, n° 9, vis-à-vis
celle Hautefeuille.

M. DCCC. XIX.

INSTITUTIONS

DU

DROIT DE LA NATURE

ET DES GENS.

PARIS, IMPRIMERIE DE P. DUPONT ET G. LAGUIONIE,
Rue de Grenelle-St-Honoré, n. 55.

INSTITUTIONS

DU

DROIT DE LA NATURE

ET DES GENS,

PAR GÉRARD DE RAYNEVAL.

NOUVELLE ÉDITION.

TOME SECOND.

PARIS,

REY ET GRAVIER, LIBRAIRES,

QUAI DES AUGUSTINS, N° 55.

1832.

INSTITUTIONS

DU

DROIT DE LA NATURE

ET DES GENS.

LIVRE TROISIÈME.

DE L'ÉTAT DE GUERRE, ET DE LA PAIX.

CHAPITRE PREMIER.

De l'origine et des causes de la guerre.

§ 1er.

Les nations étant indépendantes les unes des autres, elles ne reconnaissent aucune autorité commune au dessus d'elles; et leur unique règle est la raison naturelle appuyée sur le droit de propre conservation [*]. Il résulte de

---

[*] Voyez liv. I, chap. 1. § 8 et suiv.

là qu'elles n'ont, en dernier ressort, que la force pour décider leurs différens. Ce remède extrême est ce qu'on nomme la guerre. « La guerre, dit Cicéron, est un débat qui se « vide par la force. » Elle tient lieu, entre les nations, du pouvoir judiciaire (1).

§ 2.

Le droit de propre conservation comprend l'indépendance des nations, leur sûreté, leur tranquillité tant intérieure qu'extérieure, leurs droits, leur honneur. Tout attentat contre ces différens points est une injustice et s'appelle injure; toute injure donne droit à une réparation, et le refus est un motif légitime de guerre. A ces causes, résultantes du droit des gens positif, il faut ajouter celles qui dérivent du droit conventionnel et du droit coutumier (2).

§ 3.

Mais souvent un prétendu intérêt national, la jalousie, une ambition démesurée, la fureur des combats, des vues d'agrandissement, la simple convenance, une minutieuse susceptibilité, des conseils intéressés et perfides, excitent les conducteurs des nations à prendre les prétextes les plus légers et les plus frivoles, à exagérer des torts réels, à imputer des torts imaginaires ou même sourdement provoqués; à supposer leur dignité personnelle blessée, l'état en danger, pour ne suivre que l'impulsion aveugle de leur avarice (3), de leurs caprices ou de je ne sais quelle idée de dignité, de grandeur, de puissance, de renom, que je ne puis définir; pour abuser de leur prépotence, provoquer la guerre et ruiner leur propre pays pour prix et souvent par l'effet des plus éclatans succès. Il est évident qu'une guerre entreprise par de pareils motifs est injuste; qu'elle est barbare; que son auteur viole le principe primordial du droit des gens, trahit la nation dont la conduite et le bonheur lui sont confiés, et qu'il doit être regardé comme le fléau de l'humanité.

§. 4

Malheureusement les effets d'une guerre semblable n'en sont pas moins les mêmes que ceux de la guerre la plus juste: c'est là la conséquence nécessaire de l'indépendance des nations: étant seules juges dans leur propre cause, leur force soutenue par des succès

I.

leur tient lieu de droit, et assure leur impu-
nité; et cela suffit à la conscience de leurs
conducteurs. D'ailleurs ceux-ci ne manquent
jamais d'alléguer des raisons bonnes ou mauvaises pour se justifier; en sorte qu'à en croire
l'auteur de la guerre la plus injuste, la plus
odieuse, il a eu les motifs les plus légitimes,
les plus urgens de l'entreprendre. Pour s'en
convaincre, on n'a qu'à consulter les déclarations, les manifestes, et les autres écrits
que les souverains publient pour justifier
leur conduite.

C'est du moins un hommage apparent qu'ils
rendent aux principes; et quelque mensonger qu'il soit, il sert du moins à les juger, c'est-
à-dire à les condamner. Si la flatterie ou la
crainte font taire leur siècle, l'inexorable
postérité les attend pour en faire justice.

§ 5.

La politique moderne donne lieu à une
question importante : on demande si le maintien du système d'équilibre peut être un sujet légitime de guerre. Quoique cette question
appartienne plus à la politique qu'au droit des
gens, nous croyons d'autant moins nous écarter de notre plan en la discutant, que la po-

litique, même dans ses plus grands écarts, s'efforce de les pallier en invoquant les principes.

L'objet immédiat ou au moins ostensible du système d'équilibre est la paix, la tranquillité et la sûreté des états. Mais la difficulté d'en trouver la juste mesure a fait qu'il a été, dès son origine, une source abondante de négociations, de discussions. Tâchons de démêler une matière aussi compliquée et aussi délicate, et de la ramener, s'il est possible, à des élémens simples: nous ferons abstraction de l'abus que la rivalité et la jalousie peuvent faire et ont fait du mot équilibre.

Nous commençons par établir une vérité que l'expérience n'a que trop confirmée, savoir, que la puissance alimente et accroît l'ambition, et que l'ambition alimente l'esprit de conquête: de là résultent naturellement la défiance, la jalousie, la crainte, l'inquiétude; les états inférieurs voient toujours leur indépendance menacée, et les états rivaux sentent que de nouvelles conquêtes ébranleraient les anciens rapports, et donneraient une supériorité relative au conquérant. En réduisant la chose à son principe élémentaire, c'est le sentiment de propre conservation qui anime tous les

états contre un voisin puissant et ambitieux ;
et ce sentiment très légitime les autorise à
prendre toutes les mesures que cette même
conservation peut exiger.

Mais les effets de ce sentiment ont leurs
bornes. La défiance autorise bien toutes les
précautions de prévoyance que la sûreté
commande ; mais elle ne saurait autoriser
des démonstrations hostiles qu'autant qu'elles seraient justifiées, non par de simples
présomptions, mais par des faits. Dans le
premier cas, l'état qui a un voisin plus puissant que lui, peut et doit même mettre, sans
affectation, ses propres forces sur un pied
respectable, et les augmenter par des alliances conservatrices. Dans le second cas, c'est-à-
dire si des faits indiquent un danger réel,
imminent, alors la propre défense doit diriger sa conduite : mais, dans cette position,
l'état menacé n'agira pas directement pour le
maintien de l'équilibre : son objet immédiat
sera son indépendance, sa conservation.

Quant à ses alliés, sans doute ils prendront
part à la querelle par un effet de l'alliance ; et
cette alliance a eu pour motif immédiat l'é-
quilibre, quoique son motif primordial ait été
la propre conservation ; c'est là le but direct

et essentiel du système d'équilibre *, et c'est là aussi la véritable cause de l'intervention des alliés : ils tâchent d'arrêter les progrès de l'incendie avant que la flamme atteigne leurs propres foyers.

La conclusion qu'il faut tirer de là est que si une alliance fondée sur le motif que je viens d'indiquer, est légitime, l'intervention l'est également : or, il est démontré, d'après les principes les plus positifs du droit des gens primitif, que des alliances de cette nature sont légitimes ; par conséquent l'intervention qui en est la conséquence, ne l'est pas moins.

Mais enfin si un traité de paix a consolidé la prépondérance d'une nation acquise *per fas aut nefas*, et l'a établie la première de toutes par sa puissance ; si, en un mot, le traité de paix a rompu tout équilibre, à quoi le droit des gens autorise-t-il les nations inférieures ?

Dans une conjoncture aussi délicate, il faut distinguer le droit des gens et la politique. Le droit des gens n'assigne des limites ni à l'étendue des domaines, ni à la puissance des

* Voyez App., § 19.

nations; il leur impose seulement l'obligation d'être justes, et de respecter l'indépendance et tous les autres droits des autres nations, comme elle veut qu'on respecte les siens : et si la nation prépondérante remplit ce double devoir, on n'a rien de plus à exiger d'elle ; par conséquent sa puissance ne saurait être par elle-même un sujet légitime de guerre.

Mais ce qu'on appelle la prudence politique, et qui l'emporte presque toujours sur le droit des gens, va plus loin; elle fait d'autres calculs. A ses yeux la puissance est inséparable de l'injustice, de la prépotence, de l'ambition, de la soif des conquêtes et de la domination. Ainsi, elle voit sans cesse un ennemi dans une puissance prépondérante; toutes les démarches de celles-ci sont suspectes: on lui suppose des vues cachées ; par conséquent elle doit se considérer comme dans un état perpétuel d'hostilité. C'est à sa sagesse à déterminer la conduite que cette position inévitable peut exiger de sa part, non pour détruire (chose impossible) le sentiment de jalousie, de crainte et d'inquiétude, mais du moins pour le diminuer, et pour inspirer une sécurité quelconque à ses voisins. Tout ce que le droit des gens peut lui prescrire à cet égard, c'est la justice, la modération, le respect pour l'indépendance absolue des autres nations, et les égards inséparables de cette indépendance et du bon voisinage (4).

§ 6.

On demande à qui appartient le droit de faire la guerre. — Ce droit est inhérent à l'indépendance, ainsi que nous l'avons établi au commencement de ce chapitre; par conséquent toute nation a le droit ou de demander, les armes à la main, raison d'une injure pour laquelle on lui aura refusé une juste satisfaction, ou de repousser la force par la force. Je n'examine pas à qui, chez une nation, le droit de la décréter, de la déclarer et de la poursuivre peut appartenir: cette question est exclusivement du ressort du droit public particulier de chaque état.

CHAPITRE II.

Des différens caractères de la guerre.

§ 1er.

On distingue communément trois espèces de guerres; l'*offensive*, la *défensive* et l'*auxiliaire*.

La guerre *offensive* consiste, non dans la première attaque hostile, mais dans l'injure qui l'a provoquée. Ainsi la nation qui l'a éprouvée, et qui, n'ayant pu obtenir satisfaction, prend les armes, fait une guerre purement défensive. Ainsi l'offensive est l'ouvrage du souverain qui blesse les droits d'un autre souverain, ou qui l'attaque sans motif, ou enfin qui, ayant de justes motifs de plainte, prend les armes avant d'avoir demandé satisfaction, ou sans accorder le temps de la donner.

§ 2.

La guerre *défensive* est donc celle que soutient un état injustement attaqué, soit par les armes, soit dans ses droits.

§ 3.

La guerre *auxiliaire* est celle que font les alliés. Il en sera question au chapitre X.

CHAPITRE III.

Des déclarations de guerre.

§ 1er.

Lorsque tout espoir de conciliation est perdu, il faut, pour établir légalement l'état de guerre, la faire précéder d'une déclaration ou d'un manifeste : ce préalable est nécessaire pour faire connaître la cause et la justice des hostilités (5). D'un autre côté, sans une déclaration, aucune précaution ne peut être prise par les nations neutres, et rien ne peut être exigé d'elles ; de plus, la déclaration de guerre est nécessaire pour fixer d'une manière précise l'époque des hostilités, et pour déterminer, par là, celle des réclamations lors des négociations de paix. Enfin, la déclaration peut être utile en ce qu'il est possible qu'elle en impose à une nation injuste, et qu'elle l'engage à donner la satisfaction exigée. On peut dire, en général, qu'une guerre sans déclaration préalable est un guet-apens, une violation de la foi publique, et un véritable brigandage: c'est la guerre des pirates et des flibustiers (6).

Pour exprimer d'une manière précise la doctrine que nous venons d'exposer, nous disons 1° que tout acte hostile antérieur à une déclaration, à une annonce préalable, est illicite, et condamné par le droit des gens ; 2° que tout acte hostile établit par le fait l'état de guerre, et constitue agresseur celui qui se l'est permis avant la déclaration.

§ 2.

Quant à la forme des déclarations de guerre, elle a varié (7); l'essentiel est qu'elles soient connues, ou censées connues par l'ennemi avant les hostilités (8). Elle doit être notifiée aux puissances neutres.

§ 3.

La puissance attaquée n'a pas besoin de

faire de déclaration à l'ennemi; car, à son
égard, la guerre existe de fait par le premier
acte hostile exercé contre elle ; ainsi on ne
saurait lui reprocher les représailles dont elle
use. Cependant le gouvernement devra noti-
fier l'état de guerre, non seulement à sa nation, mais aussi aux nations neutres; car sans
cette précaution, les nationaux pourraient exposer imprudemment leur personne et leur
fortune, et les neutres seraient autorisés à
continuer leur navigation et leur commerce
comme en temps de paix, et à regarder comme
une injure les gênes auxquelles on préten-
drait les soumettre : d'ailleurs, il importe à la
partie attaquée de démontrer à toutes les nations l'injustice de l'agression, afin d'ôter par
là à son ennemi tout prétexte pour obtenir
les secours qu'il pourrait solliciter et obtenir
de ses alliés. Le silence établirait une présomption défavorable, il seconderait la mauvaise
foi et la calomnie.

CHAPITRE IV.

Des choses licites ou défendues d'après les lois de la guerre.

§ 1ᵉʳ.

En général, toutes les entreprises qui ont pour objet de nuire à l'ennemi pour le forcer à la paix, sont licites. Parmi les entreprises (abstraction faite de l'occupation des villes) et des provinces), on compte particulièrement le *dégât*, le *pillage*, l'*incendie*, les *stratagémes*, etc.

§ 2.

On appelle faire le *dégât*, lorsqu'on ravage un pays en détruisant les productions de la terre. Une armée qui se retire pour éviter un ennemi supérieur, pour lui ôter le moyen de la poursuivre détruit toute espèce de sub- sistances, même les habitations : on la compare à la grêle, à la tempête. Si ces motifs sont bien fondés, sans doute le dégât est licite : la nécessité le justifie, comme elle justifie toutes les calamités de la guerre ; mais il exaspère nécessairement l'ennemi, lui inspire le désir de la vengeance, et le porte à user de représailles, s'il peut pénétrer dans le pays ennemi. Ainsi il faut que la nécessité la plus extrême exige le dégât, pour qu'un général puisse prendre sur lui de le permettre.

§ 3.

Le *pillage* n'a communément lieu qu'à l'égard d'une place enlevée d'assaut ou d'un camp qu'on veut forcer : c'est un appât présenté au soldat pour l'engager à braver le péril auquel il va s'exposer ; il est aussi souvent la punition d'un ennemi dont la résistance ne peut être justifiée par aucune raison de guerre, et qui ne prend conseil que de son caprice et d'une folle témérité. Sans doute le commandant d'une place doit la défendre aussi long-temps qu'il a l'espoir de la conserver ; son devoir, son honneur l'y obligent ; mais une résistance aveugle n'est plus qu'une bravade : malheureusement ce sont les habitans de la place assiégée qui en portent la peine ; mais enfin telles sont les lois funestes et destructives de la guerre.

On ordonne aussi quelquefois le pillage d'une ville non assiégée et même d'un village: pareille mesure a lieu lorsque les habitans, au lieu de se tenir tranquilles, ont cherché à nuire à l'ennemi, soit en le trahissant, soit en prenant les armes sans aucune autorisation, soit enfin en maltraitant des soldats ou des malades. En pareil cas, ils ne peuvent s'en prendre qu'à eux-mêmes du *châtiment* qu'ils éprouvent. A l'égard du pillage, qui est le fruit de la licence, il ne saurait être compté parmi les choses licites; et un général qui veut maintenir l'ordre et la discipline dans son armée, le punit toujours avec sévérité. « Mais, dit Montluc, il est mal aisé d'y pour- « voir: car l'avarice du soldat est telle, qu'il « crève souvent sous le faix ne voulant pren- « dre aucune raison en paiement*. »

§ 4.

Quant à l'*incendie* d'une ville ou d'un village, il dépend des circonstances de la guerre. Un général répond de la sûreté et de la conservation de son armée; il lui importe, de

---

* Voyez *Mémoires* de MONTLUC, liv. I, p. 53.

plus, de faire tout ce qui est en son pouvoir, soit pour sa garantie, soit pour nuire à l'armée ennemie. Si donc l'incendie est nécessaire pour ce double but, il est licite, et il n'y a aucun reproche fondé à faire au général qui l'ordonne : c'est ainsi qu'on détruit souvent les faubourgs d'une ville assiégée, ainsi que tout ce qui l'environne et gêne les opérations des assiégés comme des assiégeans. Mais s'il était possible que les commandans se livrassent à une pareille mesure par un simple caprice, ils seraient, à juste titre, considérés comme des hommes féroces, dignes des plus sévères châtimens. L'histoire a signalé à la postérité l'incendie du Palatinat : il est une tache ineffaçable pour ses auteurs. Frédéric-le-Grand ne s'est pas entièrement lavé de l'incendie des faubourgs de Dresde, durant la guerre de 1756.

<h2 style="text-align:center">§ 5.</h2>

Que dirai-je enfin *du poison et de l'assassinat?* Peut-on parler de pareils moyens quand il s'agit d'un métier qui demande autant de grandeur d'ame, de magnanimité, de courage? Peut-on supposer qu'un militaire, dont l'honneur est la devise, veuille le perdre par la plus vile, la plus atroce des lâchetés ? Non, et le seul soupçon est une injure. On a beau dire que la mort d'un seul homme, d'un souverain, d'un général, peut terminer la guerre et conserver la vie à des milliers de soldats. — Je fais observer d'abord que cette conséquence est bien incertaine, car les souverains et les généraux sont remplacés ; et il est plus naturel de supposer que la guerre sera continuée, que de supposer le contraire. Mais raisonnons d'après la nature même des choses.

Vous vous croyez autorisé à empoisonner ou assassiner votre ennemi ; fort bien ; vous lui accordez donc le même droit, car tout est égal entre vous. Ainsi il peut de son côté vous faire empoisonner ou assassiner : quelle sera la conséquence pratique de cette faculté réciproque ? une inquiétude mortelle et indestructible de part et d'autre ; vous craindrez jusqu'à votre ombre ; et le général, à la merci de cent mille hommes qui certes ne sont pas tous irréprochables, comment pourra-t-il remplir son devoir ? Placé sur le champ de l'honneur et de la gloire, il devra craindre à chaque pas de rencontrer un traître : il s'est dévoué à la mort les armes à la main ; mais il ne s'est point dévoué aux embûches et au fer d'un lâche assassin. Convenons donc que l'assassinat et le poison sont des moyens atroces que la conservation de nous-mêmes ne nécessite point ; qu'il doit augmenter les horreurs de la guerre au lieu de la terminer. J'ajoute que si ce moyen est licite pour terminer une guerre, il l'est aussi pour la prévenir ; ainsi le poison et le fer des assassins deviendront le *ratio ultima regum*, ou plutôt un moyen innocent et ordinaire de la politique.

C'est d'après ce que je viens de dire que j'apprécie l'entreprise tant vantée, tant préconisée de *Mutius-Scœvola* : on peut trouver son dévouement louable, mais son objet était un crime. Quant à l'emploi du poison, *Alexandre-le-Grand* l'a jugé en disant à l'égard de *Darius* « qu'il était résolu de le poursuivre « à outrance, non plus comme un ennemi de « bonne guerre, mais comme un empoison- « neur et un assassin ». *Alexandre* jugea avec la même rigueur *Bessus*, assassin de Darius. On connaît la mémorable réponse qu'on prétend avoir été faite par les consuls romains, au médecin de *Pyrrhus*, qui leur avait offert d'empoisonner son maître.

Quant à l'empoisonnement des fontaines, des puits, je pense que l'idée n'en saurait ve-

nir à un général ; car une pareille extrémité
serait un forfait inutile. En effet, il ne détrui-
rait pas par là l'armée qu'il aurait à combattre : son action n'aurait d'autre effet que de
faire périr des femmes, des enfans, en un
mot des gens sans armes et sans défense.

Détruisez les puits si, par là, vous empê-
chez votre ennemi de vous poursuivre ; mais
ne les empoisonnez point !

Un général ne peut point non plus empoisonner les farines qu'il laisse dans une place
qu'il est forcé de rendre ou d'évacuer ; car
une pareille mesure serait inutile, elle provo-
querait des représailles, et insensiblement on
userait à la guerre plus d'arsenic que de
poudre. Je fais la même remarque au sujet des
armes empoisonnées. Et quel métier serait-ce
que celui de la guerre, s'il ne fallait, pour y
acquérir de la gloire, qu'être un habile em-
poisonneur, ou un adroit assassin ! Quel tro-
phée pour un héros !

§ 6.

Il me reste à parler de *l'espionnage*, des *ruses*, des *stratagèmes*, des *surprises*.

L'espionnage est toléré, souvent même il est
nécessaire, parce qu'il importe au chef d'une

armée de connaître la position et les forces de
son ennemi. Il est vrai cependant qu'on punit
un espion qu'on surprend ; toutefois ; c'est
plutôt pour effrayer ses semblables que pour
punir un crime. Mais si à l'adresse l'espion
ajoute la perfidie, il commet une action punis-
sable en elle-même. Au reste, on compren-
dra facilement que je ne parle pas des espions
qui servent l'ennemi en trahissant leur propre pays.

§ 7.

Les *ruses*, les *stratagémes*, les *surprises*,
sont inhérentes au métier de la guerre ; comment, sans cela, une armée inférieure ou mal
postée pourrait-elle se tirer d'affaire ? Quels
succès aurait eus Turenne sans cette ressource ?
Il est certainement plus avantageux à l'humanité qu'un général ait des succès par la ruse,
qu'en tuant beaucoup de monde en agissant
à force ouverte. Une marche dérobée à l'ennemi, une position prise en lui donnant le
change, et qui le force à la retraite, une
troupe enlevée par surprise, acquièrent souvent plus de gloire au général, et sont aussi
utiles que le serait une victoire achetée par le
carnage. Les Romains, dit-on, avaient long-

temps méprisé de pareilles ressources; mais ils apprirent à leurs dépens, aux Fourches Caudines, quels en étaient l'importance et l'effet; et Fabius Maximus sut en faire son profit contre Annibal (9).

CHAPITRE V.

Des prisonniers.

§ 1er.

Le droit de faire des prisonniers est une conséquence du droit de faire la guerre. La manière dont ils doivent être traités doit être puisée dans le motif qui autorise à en faire. Le motif étant de diminuer les forces de l'ennemi, il est évident qu'on ne peut faire autre chose à leur égard que de prendre les mesures nécessaires pour les empêcher de nuire, ou de rejoindre l'ennemi, et qu'on doit se conduire envers eux avec humanité.

§ 2.

Les prisonniers ne peuvent point recouvrer

leur liberté de leur autorité privée; en effet il
existe à cet égard entre eux et le vainqueur
une condition expresse ou tacite : c'est au
prix de la liberté que le prisonnier conserve
la vie. Cette convention est certainement à
l'avantage de celui-ci, et s'il avait le droit de
la violer, on en reviendrait bientôt aux barbares usages des anciens (10).

§ 3.

Il résulte de ce qui vient d'être dit que le prisonnier qui s'évade, se met dans le cas, s'il est
repris, d'être puni comme transfuge et comme
parjure. On pourrait à la rigueur, lui appliquer la peine à laquelle l'engagement qu'il a
violé l'avait soustrait.

Toutefois il est des cas où l'évasion ne saurait être condamnée ni punie. C'est lorsque,
sans nécessité, un prisonnier est tenu étroite-
ment renfermé, ou qu'il est maltraité sans raison; car en agissant ainsi on viole le pacte fait
avec lui, ce pacte présupposant, comme nous
l'avons déjà dit, qu'il sera traité avec humanité,
et qu'on ne prendra à son égard que les mesures nécessaires pour s'assurer de sa personne.

§ 4.

Les prisonniers recouvrent leur liberté avec
ou sans rançon; ce dernier cas existe lorsqu'ils
sont échangés ou renvoyés sur parole, à la
condition, soit de se représenter s'ils en sont
requis, soit de ne point servir durant tout le
temps déterminé par la capitulation. Ce temps
ne saurait être prolongé au delà de la paix.
Rentré dans sa patrie, il ne peut rompre son
engagement; et son souverain ne saurait
l'exiger de lui, à moins d'une invasion et d'un
danger imminent pour son pays ou pour lui-
même; car dans ce cas son premier serment,
celui de fidélité à son souverain, doit l'emporter sur le second, qui n'est qu'accidentel;
et cette loyauté a naturellement dû être présumée par le gouvernement qui a donné la
liberté au prisonnier *.

Un prisonnier relâché sous la condition de
se représenter, et rentré dans sa patrie, est
censé étranger; s'il commet quelque délit, il
peut être puni comme un autre étranger. Mais
s'il en commet un en pays ennemi, pendant

---

* Voy. PUFFENDORF, *Droit des Gens*, liv. VIII, chap. XI, § 2.

qu'il est prisonnier, quelle jurisprudence suivra-t-on à son égard? cette question s'est présentée en Angleterre à l'occasion d'un vol fait par un prisonnier français. — Nous croyons ne pouvoir mieux faire que de rapporter les paroles de M. Burn, qui expose le cas dans son intéressant ouvrage ayant pour titre : *The justice of the peace and parish officer*, 19° édit. Lond. 1800. *vol.* II. « Un pri-
« sonnier de guerre, dit-il, quoiqu'il ne soit
« pas proprement soumis à la loi municipale
« de ce royaume, est cependant soumis aux
« cours ordinaires de justice, comme toutes
« les autres personnes dans le même cas, s'il
« commet une offense contre la loi des nations,
« ou contre la raison naturelle et les lois fon-
« damentales de l'ordre social : tel est le cas
« de Pierre Molière, prisonnier français, qui
« fut accusé en 1758, devant sir *Michel Fors-*
« *ter*, d'avoir volé, dans la boutique d'un joail-
« lier, une bague de diamant estimée vingt
« livres sterling. Sir *Michel* dit qu'il regardait
« comme une chose très impropre de procé-
« der capitalement, d'après un statut local, con-
« tre un prisonnier de guerre ; en conséquence,
« il conseilla au jury de l'acquitter, à raison
« de la circonstance, d'avoir volé dans la bouti-

« que en tant que le fait a rapport au statut, et
« de le déclarer coupable d'un simple larcin
« de la valeur indiquée dans l'acte d'accusation.
« En conséquence le prisonnier fut brûlé à la
« main, et renvoyé à la prison destinée pour
« les prisonniers français. »

§ 5.

La rançon est ordinairement promise par
le gouvernement, en vertu d'un cartel. De
pareils engagemens doivent être exécutés
scrupuleusement; mais pour que la rançon
soit due, il faut que le prisonnier ait été mis
effectivement en liberté, ou au moins en mesure d'en jouir : s'il meurt auparavant, il
n'est rien dû. La rançon promise est due,
quoique le prisonnier meure dans l'intervalle;
s'il est repris par les siens avant la mise en
liberté, il n'est rien dû; mais si ayant été
mis en liberté, et n'ayant pas payé, il est repris, la première rançon n'en devra pas moins
être payée.

§ 6.

On demande s'il peut exister des cas où
il est permis de faire périr des prisonniers.
On peut établir comme règle générale que

le salut du prisonnier est la condition tacite
et nécessairement supposée de sa reddition :
d'ailleurs le droit de faire périr un homme de
guerre cesse aussitôt qu'il est désarmé(11).

S'il pouvait exister une circonstance où la
doctrine contraire fût admise, la guerre se
ferait sans quartier (12); et combien ne se
verserait-il pas de sang inutilement! la
guerre est déjà par elle-même un fléau si désastreux, qu'on ne saurait trop l'adoucir dans
la pratique. Toutefois les événemens de la
guerre, ses chances variables, la position
d'une armée, ses besoins, ses dangers, etc.,
peuvent jeter dans de grands embarras un
général, si, n'écoutant que son humanité, il
veut conserver des prisonniers désarmés. S'il
lui est possible de les mettre en lieu de
sûreté, rien ne saurait l'en dispenser; s'il ne
le peut point, pourquoi ne les point renvoyer
sur parole? mais doit-il en courir les risques
vis-à-vis d'un ennemi sur la bonne foi duquel
il est autorisé à ne pas compter? et s'il ne peut
point, sans commettre une grande imprudence, sans s'exposer lui-même, risquer ce
parti; que peut-il faire sans encourir de blâme?
Si sa propre conservation est évidemment com-
promise, il doit la préférer : si donc elle exige

impérieusement de se défaire des prisonniers qui sont cause du danger où il se trouve, les lois terribles de la guerre l'autorisent à prendre ce parti extrême: on sait depuis long-temps que ces lois sont contraires à celles de l'humanité; mais enfin elles sont inséparables du principe qui constitue l'indépendance des nations, et de l'impossibilité où elles sont de poursuivre leurs droits autrement que par la force des armes.

§ 7.

On ne peut point non plus réduire un prisonnier en esclavage, parce qu'une pareille mesure s'écarterait du principe qui autorise à faire des prisonniers (13). On ne peut point davantage les forcer à servir contre leur patrie.

§ 8.

Les nations européennes ont adopté un expédient qui les dispense de tout acte de rigueur envers les prisonniers, lorsqu'elles en sont embarrassées: elles les renvoient chez eux sur parole, comme je l'ai déjà fait observer. Rien ne peut dispenser ceux-ci de remplir la condition qui leur a été imposée de ne pas ser-

vir: et si, l'ayant enfreinte, ils sont repris,
leur punition est légitime, parce qu'ils sont
parjures.

§ 9.

Il arrive souvent qu'une troupe se rend à
discrétion, c'est-à-dire sans condition, et
qu'elle se remet à la générosité du vainqueur.
Quelle doit être la conduite de ce dernier?
Nous pensons que des gens de guerre qui se
sont rendus à discrétion doivent être traités
conformément aux principes du droit des
gens. Or, selon ces principes, le prisonnier
doit conserver la vie, et ne perdre la liberté
qu'autant que cela est nécessaire pour l'empêcher de nuire; si on en usait autrement, le
soldat ne se rendrait point; car s'il doit être
mis à mort, quel risque de plus court-il en
continuant de combattre?

Toutefois ce que nous disons n'est point
applicable à une troupe, à une garnison qui
s'est rendue coupable en violant les droits de
la guerre; car dans ce cas elle est entièrement à la merci du vainqueur.

§ 10.

On demande quel est l'état politique d'un

prisonnier rentré dans sa patrie sur sa parole
d'honneur. Il convient, je pense, de faire à
cet égard la distinction suivante: un prisonnier recouvre sa liberté sur sa simple parole
d'honneur de ne point servir durant toute la
guerre, ou bien sous la condition de se représenter lorsqu'il en est requis. Dans le premier cas, il rentre dans la pleine jouissance
de tous ses droits de citoyen; car il cesse d'ê-
tre prisonnier. Mais un militaire qui n'est
libre qu'au moyen de l'engagement qu'il a
pris de se représenter à la volonté de l'ennemi, demeure prisonnier; il est censé appartenir à l'ennemi, et il est obligé de se rendre
à ses ordres: il est étranger à sa patrie: on
n'a aucun droit sur lui. Ainsi, l'exercice de
ses droits politiques est nécessairement suspendu; il ne peut le reprendre que lorsqu'il
a recouvré sa liberté, c'est-à-dire lorsqu'il a
cessé d'être prisonnier.

On demande si, en conséquence de ce principe, un prisonnier qui se trouve dans ce
dernier cas, peut être traduit en justice pour
délits antérieurs à son état de prisonnier. La
négative seule semble être admissible. En effet,
un prisonnier, quoique ayant la faculté de rentrer dans ses foyers, n'est point libre, il de-

meure à la disposition de l'ennemi ; en un mot, il continue d'être sous les lois de la guerre, et, quoique dans sa patrie, il est réputé étranger ; il est censé être dans le camp ennemi, et même en l'état de détention. Il semble résulter de là que l'exercice de la souveraineté est suspendu à son égard, comme l'est celui de ses droits politiques ; qu'il n'est dans sa patrie que sous la protection de la loi, comme tout étranger, et qu'il ne peut être considéré que comme un dépôt : l'autorité du gouvernement ne recommence qu'au moment où le prisonnier rendu à la liberté reprend l'exercice de ses droits politiques, et c'est alors seulement qu'il peut être recherché pour les délits antérieurs à la perte de sa liberté. Ainsi, pour particulariser la question, un officier, qui a manqué à son devoir, soit en causant la perte d'une bataille, soit en rendant une place, et qui, par l'une ou l'autre de ces deux fautes, est tombé entre les mains de l'ennemi, cet officier, dis-je, quoique libre sur sa parole, ne peut être traduit devant un conseil de guerre : et la faculté de le juger sur ces inculpations, ne commence qu'au moment où il rentre dans l'exercice de ses droits de citoyen, en vertu du droit de *postliminie* dont il sera traité plus bas.

CHAPITRE VI.

Des otages.

§ 1er.

Les *otages* sont une espèce particulière de
prisonniers. On appelle *otage* le sujet mis au
pouvoir de l'ennemi pour la sûreté des engagemens pris avec lui. Il s'agit de déterminer,
d'un côté, la nature et l'étendue des droits
que l'ennemi a sur un otage; de l'autre, les
obligations que doit remplir ce dernier. On
pourrait élever quelque doute sur le droit du
souverain de donner un sujet en otage, mais
l'usage a tranché la difficulté.

§ 2.

Le motif pour lequel on exige des otages
est d'avoir la certitude, au moins morale, que
les engagemens seront exécutés; et cette certitude est fondée sur l'opinion qu'un état qui
se soumet à donner un otage, se fera un devoir de le délivrer.

Ainsi, quelle que soit la cause pour laquelle on prend un otage, celui-ci demeure au pouvoir de l'ennemi jusqu'à ce que cette cause cesse. Ce dernier peut prendre, à l'égard des otages, les mesures nécessaires pour prévenir leur évasion; mais comme le choix tombe ordinairement sur des personnes notables, on est dans l'habitude de les laisser libres sur leur parole d'honneur.

§ 3.

Si le souverain qui a fourni un otage manque à sa parole, quel droit l'ennemi a-t-il sur ce dernier? Le manque de parole autorise l'état de guerre; et de là il résulte que le pays qui n'a pas rempli son engagement, peut être traité hostilement. Ainsi, en principe, l'otage peut tout au plus être considéré et traité comme prisonnier de guerre : tout ce qui outrepasserait cette mesure serait une injustice, une vexation gratuite, une cruauté, lors même que l'otage est livré à la discrétion.

§ 4.

Anciennement on pensait que l'on pouvait mettre des otages à mort; mais il suffit d'énoncer une pareille doctrine pour faire sentir

combien elle répugne à l'humanité. On n'a le
droit de tuer ni les habitans ni le souverain
non armés d'un pays avec qui l'on est en
guerre : comment donc s'arrogerait-on un pareil droit à l'égard des otages, qui sont bien
une espèce de gage, mais non des garans (14)?
Dans la réalité ils ne procurent qu'une sûreté
morale, qu'une sûreté d'opinion : ils ne sauraient être punis pour des faits auxquels ils
n'ont pu avoir aucune part. Si leur souverain
ou leurs concitoyens les abandonnent, peuvent-ils être punis d'une pareille perfidie,
d'une pareille lâcheté? L'humanité réclame
ici tous ses droits; et s'ils ne suffisaient pas, la
prudence conseillerait du moins de craindre
et de prévenir les représailles.

§ 5.

De ce qui vient d'être dit on conclura
peut-être qu'il est inutile d'enlever des otages.
Cela est vrai, en général; cependant il est des
cas d'exception : par exemple, un ennemi
forcé de se retirer, enlève des otages pour la
sûreté des malades et des autres personnes
qu'il est dans le cas de laisser en pays ennemi :
il y a, dans ce cas, une distinction essentielle
à faire. Si les otages sont donnés par le sou-

verain, ils sont responsables de tous ses faits, parce qu'il existe une convention au moins tacite; mais s'ils sont enlevés sans sa participation et contre leur gré, ils ne sont responsables de rien; car il n'existe aucune espèce de convention à leur égard : ils obéissent à la force, à la violence, et ces deux voies ne sauraient produire d'obligation.

La conséquence de tout ce qui vient d'être dit est que tout otage donné par son souverain, si celui-ci fait périr ou des malades ou d'autres personnes appartenant à l'ennemi, est à la merci de ce dernier : en usant de représailles, il ne fait qu'exécuter une convention : l'atrocité appartient au souverain qui l'a provoquée, et qui a dû la prévoir et la prévenir : mais il faut des causes bien aggravantes pour autoriser une mesure aussi rigoureuse (15)!

§ 6.

C'est ici le lieu d'examiner le problème suivant. Une des puissances en guerre occupe le pays ennemi, et y établit des contributions; les événemens de la guerre la forcent de l'évacuer avant d'avoir perçu ces contributions. Sont-elles dues après la retraite, et a-t-on le droit d'enlever des otages pour en assurer l'acquittement.

Une question bien simple semble résoudre ce problème. L'ennemi forcé de se retirer a-t-il le droit de réclamer les armes, les munitions, les fourrages, la caisse, les malades, en un mot, tout ce qu'il est obligé d'abandonner? Il n'y a certainement personne qui ne réponde que tout cela devient bien légitimement la proie de l'ennemi; que tels sont les accidens, les chances, les vicissitudes de la guerre. Sans doute les contributions non acquittées étaient éventuellement votre propriété; vous aviez, comme on dit, *jus ad rem;* mais si l'on ne vous doit pas la restitution de votre caisse militaire, à plus forte raison ne vous doit-on point des sommes non touchées, et dont la demande n'était fondée que sur le droit du plus fort. Les contributions étaient le fruit de l'occupation du pays; celle-ci cessant, le fruit est perdu. Si donc vous n'avez plus rien à exiger après votre retraite, vous n'avez aucun droit d'enlever des otages.

§ 7.

Quant à la précaution de se faire livrer des

otages pour des conventions particulières,
comme des traités de paix, d'armistice, de
neutralité, etc., je l'estime absolument inutile. En effet, si un état a des raisons assez
puissantes pour manquer à ses engagemens,
et pour s'exposer par là à la guerre, il doit
être déterminé d'avance à sacrifier ses otages,
puisqu'il l'est à sacrifier sa tranquillité, ses
soldats, à exposer jusqu'à son existence.

§ 8.

Mais si celui qui a pris des otages manque
lui-même à ses engagemens, et si, pour empêcher qu'on n'en prenne vengeance, il menace de mettre à mort les otages, l'état qui
éprouve une pareille perfidie ne peut prendre
conseil que de sa prudence et de sa position.

Si l'injure est d'une telle gravité qu'il lui
soit impossible de la supporter sans s'avilir,
et sans exposer ses intérêts essentiels, il peut,
sans blâme, se résigner au sacrifice des otages :
certes ce sera un malheur pour ceux-ci ; mais
la plus impérieuse nécessité, et surtout leur
qualité et leurs devoirs de citoyens les y con-
damnent.

Lorsqu'il est permis aux armateurs de recevoir des otages pour la rançon, ceux-ci sont assimilés aux prisonniers de guerre* (16).

––––––––––––

CHAPITRE VII.

Des habitans des pays conquis.

§ 1er.

Il est un principe général suivant lequel tous les habitans d'un pays sont obligés de concourir à sa défense : mais ce devoir ne suffit point pour les soumettre à toutes les rigueurs de la guerre : il faut pour cela qu'ils le remplissent effectivement, c'est-à-dire qu'ils aient pris les armes. Si c'est par ordre de leur souverain, ils sont censés soldats, et sont dans le cas d'être faits prisonniers de guerre ; si c'est de leur propre mouvement, leurs propriétés, tant mobilières qu'immobilières, même leurs personnes, sont à la merci de l'ennemi ; telle est la jurisprudence moderne.

––––––––––––

* Voyez chapitre précédent.

Le cas peut arriver où les habitans d'un pays sont requis en masse pour sa défense. Ce moyen est légitime, car lorsqu'il s'agit de combattre *pro aris et focis*, tout citoyen est soldat; mais une pareille mesure ne saurait être portée au delà de son objet. Les citoyens armés en masse ne sauraient agir offensivement au-delà de leurs propres limites; en les y forçant, on renverserait tout le système d'après lequel les nations modernes font la guerre: elle dégénérerait en guerre d'extermination: l'habitant de la campagne serait nécessairement traité comme ennemi, tandis qu'aujourd'hui on le laisse tranquille dans ses foyers.

§ 2.

C'est pour prévenir toutes ces conséquences que les souverains ont des armées stipendiées: par là la majeure partie des sujets est dispensée du service militaire : telle est généralement la pratique moderne sur cette matière; et cette pratique est d'une grande importance pour la sûreté de la société : la guerre accoutume à la licence, à la rapine et au sang, et la réforme des troupes fait la désolation du citoyen : on a remarqué que les Romains ont été guerriers avant d'être séditieux.

§ 3.

Mais si des habitans, au lieu d'être paisibles
et passifs, se mettent en insurrection, s'ils
prennent les armes sans réquisition, sans
ordre préalable de leur souverain; s'ils cherchent d'une manière quelconque à nuire à
l'ennemi, ils perdent, par leur propre fait,
la sauvegarde dont ils jouissaient, s'exposent
au juste ressentiment de l'ennemi, et se met-
ment à la merci de sa fureur ou de sa clémence;
souvent même une soldatesque effrénée se
livre à tous les excès, sans qu'un commandant
humain puisse la retenir.

§ 4.

Au reste, lorsqu'un pays est au pouvoir de
l'ennemi, celui-ci a le droit d'exiger des habitans tout ce que leur souverain aurait pu
exiger d'eux; ainsi ils sont obligés de payer
des contributions extraordinaires, de fournir
des chevaux, des charriots, de loger les gens
de guerre, etc.; telles sont les suites funestes,
mais inévitables, des lois, des usages et des
besoins de la guerre. La rigueur ou la modération dépendent absolument des sentimens

d'humanité et de bienfaisance du vainqueur;
aussi la guerre est-elle le plus terrible des
fléaux qui puisse affliger le genre humain,
comme la modération est une des plus loua-
bles vertus d'un général (17).

CHAPITRE VIII.

Des siéges, des blocus, des capitulations.

§ 1er.

Les siéges sont, dans l'ordre naturel, des
maux attachés à la guerre. Les places fortes
servent d'appui à l'ennemi; on est donc en
droit de les attaquer et de les démolir; mais,
dans la règle, ce droit ne s'étend qu'aux con-
structions qui constituent la forteresse; on
doit respecter les habitations particulières: en
les détruisant sans une nécessité évidente, on
outrepasse les bornes du droit de faire la
guerre; mais enfin tout ce qu'exigent la défense et l'attaque, les généraux sont autorisés
à le faire: c'est ainsi que des bouches inutiles

sont expulsées d'un côté, et repoussées de l'autre ; c'est ainsi que l'humanité est à la merci d'un chef de troupes.

§ 2.

Quant aux bombardemens, ils sont un moyen extrême; ainsi l'on ne doit y avoir recours que lorsqu'une absolue nécessité l'exige : mais le droit des gens ne peut prescrire aucune règle à cet égard; les circonstances de la guerre font la loi : l'humanité seule et la crainte des représailles peuvent la modérer.

§ 3.

Le blocus d'une place est le simple investissement ; il a pour objet d'empêcher l'entrée des secours et des vivres, et de la soumettre par la famine ou d'autres besoins : ce moyen, quoique extrême, est licite ; il est même plus doux que ceux qu'on emploie pour emporter une place de vive force; car il épargne le soldat et les bâtimens de la ville.

§ 4.

Le devoir du commandant d'une place est de la défendre aussi long-temps qu'il en a les moyens, ou qu'il a raison d'attendre des secours du dehors; le punir pour sa fidélité ou sa bravoure serait une atrocité. On peut ranger dans la même classe les sommations de se rendre sous peine de passer la garnison au fil de l'épée : un homme d'honneur méprise de pareils défis, parce que la crainte de la mort lui est étrangère. Dans un assaut, le carnage doit cesser avec le combat, parce qu'alors l'ennemi vaincu se rend à discrétion; et dans ce cas même le vainqueur n'a aucun droit sur la vie du vaincu, à moins qu'il ne soit coupable d'un délit grave contre les lois de la guerre : des barbares ou des forcenés peuvent en user autrement; mais un pareil exemple ne saurait servir de règle à des nations policées.

§ 5.

Ordinairement les places se rendent par *capitulation;* un acte de cette espèce est d'une grande importance, et doit être aussi sacré que tous les autres actes du droit des gens; mais pour n'en pas provoquer la rupture, il faut y éviter tout ce qui peut porter atteinte à la réputation et à l'honneur des assiégés. Les capitulations se font par les commandans respectifs; ils doivent se renfermer stricte-

ment dans leur objet, qui est la *possession*
de la place, ainsi que le sort des assiégés, tant
soldats qu'habitans. Tout ce qui va au-delà
n'est point de leur compétence; et quand des
commandans en font la proposition, elle est
communément renvoyée aux gouvernemens
respectifs : quelquefois de pareils incidens
donnent lieu à des suspensions d'armes, pour
se procurer le temps de recevoir des instructions. Mais elles peuvent faire perdre un temps
précieux, ou n'être qu'un piége.

§ G.

Il peut arriver qu'une ville ou une province
soit menacée d'une invasion par des forces
supérieures, et que le souverain soit hors
d'état de les protéger, on demande quelle
conduite les habitans sont autorisés à tenir
dans une pareille conjoncture? on peut répondre que leurs engagemens envers leur société, ou, si l'on aime mieux, avec la nation
dont ils sont membres, leur impose l'obligation sacrée de faire ce qui dépend d'eux pour
résister à l'ennemi, c'est-à-dire pour le tenir
éloigné, et pour procurer efficacement à leur
souverain, s'il est possible, le temps de venir

à leur secours. Mais s'il leur est démontré que leurs efforts seraient inutiles, qu'ils ne serviraient qu'à irriter l'ennemi, et à les exposer à des marques de vengeance (ce qui malheureusement n'est que trop ordinaire); dans ce cas, ils ne peuvent prendre conseil que de leur position : il est constant que le lien qui les attache à leur souverain tombe par son inefficacité, et qu'isolés et menacés de tous les fléaux inséparables d'une invasion hostile, ils ne peuvent suivre d'autre loi que celle de leur propre conservation; que par conséquent ils doivent se soumettre à la loi qu'il plaira au vainqueur de leur prescrire : leur condition sera indubitablement meilleure que s'ils étaient conquis par la force. Si le sort des armes change, ils peuvent retourner à leur premier souverain de la même manière qu'ils ont été obligés de se séparer de lui : ils auront eu le mérite de sauver leur pays d'une dévastation inutile pour la cause commune.

CHAPITRE IX.

Des saufconduits et des sauvegardes.

§ 1er.

Durant la guerre, il est des cas où l'on accorde des *saufconduits*. On nomme ainsi la permission donnée à un individu ennemi d'aller et de venir avec sûreté. La faculté d'en accorder n'appartient qu'au souverain ; mais elle est censée déléguée au commandant en chef d'une armée. Celui qui l'a obtenue doit se conformer strictement à son énoncé.

Les domestiques d'un voyageur, dont le nombre est déterminé par sa qualité, sont censés y être compris, aussi bien que son bagage. Le saufconduit ne donne point le droit de prendre domicile. S'il est à temps, le terme en est péremptoire, à moins de circonstances particulières. Il n'expire point par la mort du souverain qui l'a accordé ; mais son successeur peut le révoquer, en laissant le temps nécessaire pour la retraite.

§ 2.

Les *sauvegardes* sont une espèce de patente par laquelle un général exempte une terre ou une habitation de toute incursion des troupes sous ses ordres : c'est une sorte d'acte de neutralité que la faveur fait accorder ; les soldats qui gardent cette terre ou cette maison doivent être respectés ; mais celui qui a obtenu la sauvegarde doit tenir la conduite la plus passive, sinon elle est justement annulée par son propre fait.

CHAPITRE X.

Des alliés, des associés et des auxiliaires.

§ 1er.

Nous avons exposé plus haut (liv. II, chap. v et vi) tout ce qui concerne les alliances ; nous allons en indiquer les conséquences relativement à la guerre.

Les alliances offensives établissent une véritable association de guerre : ainsi l'allié of-

fensif de mon ennemi est de droit mon ennemi : l'alliance seule m'autorise à le considérer
comme tel : car, dans la marche ordinaire, l'examen de ce qu'on nomme *casus fœderis* n'a pas
lieu ; il faudrait pour cela une stipulation expresse, qui ne peut exister que dans un traité
éventuel. Et si, dans un pareil traité, on stipule, ou même on suppose que l'attaque sera
fondée sur un motif légitime, alors l'examen
de la question est de droit ; l'alliance, dans ce
cas, étant plutôt défensive qu'offensive ; car
ce n'est point l'attaque, nous l'avons déjà
dit, c'est l'injure qui constitue la guerre offensive *.

§ 2.

Mais les alliances défensives fournissent matière à bien des considérations.

La première chose qu'on examine, c'est l'é-
poque à laquelle une alliance défensive a été
contractée. Pour qu'elle puisse être regardée
comme *innocente*, il faut qu'elle soit anté-
rieure non seulement à la déclaration de
guerre, mais aussi à tout acte, à toute pro-

---

* Voyez liv. II, chap. VI, § 9.

vocation hostile, et alors on pense qu'elle ne fournit aucun grief à l'ennemi : si elle est postérieure, elle est un acte hostile et un juste sujet de guerre, parce qu'elle renferme une garantie contre les entreprises de l'ennemi, entreprises autorisées par les lois de la guerre. Il faut de plus que l'alliance défensive soit connue avant les hostilités; car si on la tient secrète, elle est suspecte : on est autorisé à accuser les parties contractantes de dol.

§ 3.

A l'égard des alliances antérieures à la déclaration de guerre, les auteurs font une distinction. Si dans une alliance pareille les secours éventuels sont déterminés et limités, sans aucune réserve, leur prestation n'est point un acte hostile, parce qu'ils ont été promis dans un temps non suspect, et sans désignation d'ennemi : ceux qui ont pris des engagemens pareils sont appelés *auxiliaires*; que si, au contraire, ces secours sont illimités, ils constituent une véritable association, et établissent l'état de guerre entre l'allié et la puissance contre laquelle ils sont fournis; et, dans un cas pareil, la date de l'alliance devient indifférente.

§ 4.

La première hypothèse n'est pas sans difficulté; car il suffit qu'on aide mon ennemi à me nuire d'une manière quelconque, pour que j'aie le droit de m'en plaindre et de l'empêcher. Ainsi, il semble que la question est plutôt du ressort de la prudence politique, que de celui du droit des gens : c'est à moi, et à moi seul à juger si j'aime mieux supporter la prestation faite contre moi d'un secours limité, que de provoquer et d'avoir un ennemi de plus à combattre : ma position, mon intérêt, ma conservation peuvent seuls être mes guides dans une pareille occurrence (18): quant au droit, il me paraît incontestable.

§ 5.

On demande s'il faut une déclaration de guerre en forme à l'égard des alliés de mon ennemi. Je pense qu'il faut distinguer : un allié offensif est dans un véritable état hostile vis à vis de moi; son traité seul est une déclaration de guerre : je n'ai donc rien à lui annoncer, aucune précaution à prendre à son égard. Cependant, s'il n'a encore fait ni actes hostiles ni préparatifs indiquant son intention, la prudence veut qu'on ait avec lui une explication franche et préalable.

Quant à l'allié défensif, s'il ne fournit que les secours limités convenus dans le traité d'alliance, il dépend de moi de le considérer ou non comme mon ennemi; ainsi je suis dans l'obligation, dans ce dernier cas, de lui déclarer formellement la guerre, sinon mes actes hostiles seraient regardés comme une agression; s'il assiste mon ennemi de toutes ses forces, c'est lui-même qui déclare la guerre, parce qu'il manifeste par là une intention *directe et personnelle* de me nuire.

§ 6.

On demande sous quel point de vue doit être envisagé un *traité de subsides*. Ordinairement une puissance fournit de l'argent à une autre pour l'entretien d'un certain nombre de troupes ou de bâtimens de guerre. Si un pareil arrangement est fait en temps de paix, sans condition éventuelle, il doit être considéré comme innocent, parce qu'il ne peut exister aucune partie plaignante. En temps de guerre il change de nature selon les circonstances; il prend le caractère des al liances défensives, et doit être jugé d'après les mêmes principes.

CHAPITRE XI.

De la neutralité.

§ 1er.

La *neutralité* suppose la plus parfaite impartialité. Le moindre acte de faveur exclusive pour l'une ou pour l'autre des deux parties belligérantes, la détruit. Ainsi les puissances en guerre ne peuvent ni passer sur le territoire de la nation neutre, ni y séjourner, ni y recruter, ni en tirer des armes, pas même des subsistances, à moins que cette faculté ne soit commune aux deux parties.

§ 2.

L'effet de la neutralité doit être de faire respecter le territoire de l'état neutre ; mais, en général, rien n'est si précaire que cette neutralité, lorsque les armées sont dans le voisinage. Le besoin peut les forcer d'en tirer des subsistances ; les opérations de la guerre peuvent exiger impérieusement le passage des troupes, et même leur séjour ; souvent même le théâtre de la guerre s'y établit ; les places fortes sont occupées (19), et le pays prétendu neutre éprouve toutes les horreurs de la guerre.

La nécessité, il faut le reconnaître, autorise les parties belligérantes à en agir ainsi. Le chef d'une armée peut faire tout ce que son salut exige ; mais ce droit fondé sur celui de propre conservation, ce droit est rigoureux ; l'étendre au delà du besoin absolu, serait une violation du principe sur lequel il repose. Ce serait un acte hostile caractérisé.

§ 3.

Du droit de l'état en guerre, résulte le devoir de l'état neutre. Celui-ci doit souffrir ce que l'autre est forcé de faire.

Sans contredit lorsque l'on use de ce droit, tout ce que l'on consomme doit être payé, les dommages doivent être réparés, la discipline la plus rigoureuse doit être observée ; mais l'expérience ne prouve que trop combien les réclamations de ce genre sont souvent illusoires (20), et combien peu de cas on fait de l'indépendance d'une nation faible.

§ 4.

Le simple passage sans dommage, ce qu'on nomme *transitus innoxius*, donne lieu à une question fort délicate. Ce passage doit-il toujours être accordé? Le refuser est-il injuste? Selon nous, abstraction faite de toute circonstance accessoire, le refus serait un pur caprice. Il indiquerait la malveillance et pourrait être considéré comme une offense; mais si en laissant passer sur mon territoire des troupes destinées à aller attaquer un autre pays, je nuis indirectement à celui-ci, parce que j'en facilite l'invasion, le passage n'est plus innocent (*innoxius*) même à mon égard, puisqu'il m'expose au juste ressentiment du souverain du pays menacé. Je ne parle pas d'une armée battue et poursuivie; car dans ce cas, s'il n'existe pas d'autre chemin de retraite, la nécessité et l'humanité font la loi au neutre, et il serait absurde de lui en faire des reproches.

§ 5.

Au surplus, le passage ne peut s'effectuer qu'après avoir été demandé ; mais les seules puissances en état de faire respecter leur neutralité hasardent de se refuser à pareille demande : c'est encore là une de ces questions où les principes du droit des gens sont subordonnés au droit de convenance invoqué toujours par le plus fort ; et tel est l'effet des lois et des usages de la guerre ; elle ne respecte rien de ce qui peut l'entraver : c'est un torrent qui renverse tous les obstacles.

CHAPITRE XII.

De la guerre maritime et de la navigation.

§ 1er.

La guerre maritime n'a de commun avec la guerre continentale, que le but de forcer l'ennemi à la paix ; et sous ce rapport les principes du droit des gens sont les mêmes ; mais elle suit d'autres règles et a d'autres effets notamment à l'égard des puissances neutres et des propriétés particulières (21).

§ 2.

Nous avons indiqué plus haut (liv. II, chap. x) les principes relatifs à la liberté des mers. Cette liberté est-elle aussi indéfinie en temps de guerre qu'elle l'est en temps de paix ?

La facilité des communications par mer doit naturellement exciter l'attention et la surveillance des puissances en guerre, parce qu'il est facile de fournir à l'une d'elles, au préjudice de l'autre, des secours ou dés choses nécessaires pour la guerre, comme des armes et des munitions. Il s'agit de savoir, 1º si le droit de l'empêcher est fondé sur celui des nations? 2º jusqu'où ce droit, s'il existe, peut s'étendre?

La jurisprudence sur cette matière n'a jamais été uniforme entre toutes les nations ; elle ne l'a pas même été chez la même nation. Ainsi, mettant à l'écart les conventions et les usages, c'est dans les principes fondamentaux du droit des gens que nous tâcherons de puiser les règles que nous allons indiquer.

§ 3.

Si l'on ne consulte que l'intérêt du plus fort, la question est facile à résoudre; s'il est neutre, il exige une liberté indéfinie pour son pavillon; s'il est en guerre, il prétend soumettre tous les pavillons à tout ce qu'il imagine appartenir à sa sûreté, à ses vues, à toutes ses convenances, à tout ce qui peut nuire à son ennemi. Or, ce n'est point le droit du plus fort que nous voulons établir, mais des règles qui contiennent le puissant et protégent le faible, c'est-à-dire, des règles dictées par la *raison naturelle*, qui est la base de toute justice et du code des nations.

§ 4.

L'état de guerre détruit la liberté de la mer à l'égard des nations en guerre; et cet état hostile est porté à un tel point que les propriétés particulières ne sont pas plus respectées que les propriétés publiques. Nous discuterons plus bas ce dernier point.

§ 5.

Mais il n'en est pas de même à l'égard des

neutres : l'usage de la mer reste libre pour eux. La question est seulement de savoir si cette liberté demeure illimitée, ou bien si elle doit subir quelque restriction, c'est-à-dire si l'intérêt des puissances belligérantes doit indéfiniment l'emporter sur celui des puissances neutres.

§ 6.

Deux choses sont à considérer à cet égard ; 1° le mot neutralité renferme celui d'impartialité : le neutre doit donc être essentiellement impartial envers les puissances en guerre ; or il cesse de l'être dès qu'il fait avec l'une un commerce dangereux pour l'autre, ou s'il accorde à l'une d'elles des faveurs exclusives. Celle-ci a donc le droit de s'assurer de cette impartialité ; 2° la base primitive du droit de guerre est la *propre conservation ;* ainsi elle autorise, elle exige même des nations en guerre de faire tout ce qui dépend d'elles pour atteindre à ce but. La conséquence résultant de là à l'égard de la mer, est qu'elles sont en droit d'empêcher toute espèce de secours de parvenir à leur ennemi par cette voie. L'intérêt des neutres est fondé sur leurs communications mercantiles ; or, il paraît évident que

le premier motif doit l'emporter sur ce dernier; que par conséquent les puissances en
guerre sont autorisées à gêner la navigation
des neutres autant qu'elle peut leur être pré-
judiciable: mais l'exercice de ce droit rigoureux ne saurait aller au-delà des bornes de la
plus absolue nécessité; le danger seul peut le
justifier.

CHAPITRE XIII.

Des visites.

§ 1er.

On peut donc, par une suite de ces principes, établir avec raison que les nations en
guerre peuvent empêcher les neutres de fournir à leur ennemi tout ce qui peut lui servir
immédiatement pour faire la guerre; car c'est
là seulement qu'est le danger; et le seul moyen
de remplir ce but, ce sont les *visites*.

§ 2.

La grande difficulté consiste dans l'appli-

cati n du droit de visite. Si l'on ne consultait
que les principes, le problème serait facile à
résoudre : il suffirait d'invoquer la liberté absolue des mers, l'indépendance des nations et
de leurs pavillons, leur droit de pourvoir à
leur prospérité; et la conséquence serait que
le droit de visite n'est et ne peut être indéfini, et qu'on ne saurait l'exercer indistinctement partout sans violer directement le droit
des nations. En admettant cette base, qui est
incontestable, les visites des bâtimens neutres
ne sont admissibles que dans les eaux du pays
de l'armateur, et dans celles de l'ennemi, c'est-
à-dire en dedans de la ligne jusqu'où l'usage
étend la domination sur la mer. D'après cette
règle, un croiseur en station dans les mêmes
eaux, peut arrêter et visiter tout bâtiment
neutre qui se présente à la portée de son canon; il peut également le saisir, s'il a des objets prohibés, parce que l'intention du conducteur de les fournir à l'ennemi est évidente.

Mais la pratique suit d'autres principes et
une autre marche : elle subordonne tout à
l'intérêt des puissances en guerre : et on doit
regarder leur modération ou comme une faveur ou comme l'effet soit de leur impuis-

sance, soit de quelque vue politique indépendante de la justice et de la raison. Ainsi, selon l'usage, un navire neutre est arrêté partout où il est rencontré par un bâtiment de guerre ou un corsaire. C'est de cette manière, par exemple, qu'un navire venant de la Baltique est arrêté et visité au débouché du Sund, lors même qu'il est destiné pour la Méditerranée. — Telle est la pratique, tel est l'empire de la force et de l'intérêt personnel sur les principes, quelque évidens qu'ils puissent être.

§ 3.

En admettant le droit de visiter les bâtimens neutres, il est des préalables sans lesquels la visite est un acte de violence. Le capitaine d'un bâtiment neutre est obligé de justifier non seulement de sa qualité de neutre, mais aussi de la nature de son chargement. Si ses papiers prouvent qu'il transporte à l'ennemi des objets considérés comme dangereux, il est dans le cas de la saisie. Mais si, au contraire, ses papiers, tels que l'usage les a introduits, constatent l'innocence du chargement, la visite ne peut avoir lieu. Les seuls soupçons peuvent faire exception à cette règle, et encore faut-il qu'ils soient aussi bien fondés qu'établis. Sinon ils autoriseraient un acte arbitraire, et mettraient le navire marchand à la merci du croiseur, qui, ne cherchant qu'une proie à son avidité, se croira autorisé à fouiller un navire pour y découvrir des preuves qui lui manquent.

§ 4.

Si l'on est d'accord sur la nécessité des visites, on ne l'est point sur les objets qui doivent être classés dans la catégorie des marchandises défendues. On dit bien que ce sont les armes et les munitions de guerre. On les nomme *contrebande de guerre* (22) ; mais il y a beaucoup de difficultés sur l'application des mots munitions de guerre : les uns y comprennent les bois de construction, les voiles, chanvres et cordages, le cuivre en feuilles ; d'autres prétendent que ces marchandises sont innocentes et libres (23). Il serait à désirer pour la tranquillité de toutes les nations qui naviguent, qu'il y eût une jurisprudence uniforme à cet égard : elle préviendrait toutes les incertitudes, par conséquent bien des vexations et des querelles.

En attendant que cette confusion cesse, nous pensons que les munitions navales n'étant pas nécessairement des instrumens de guerre, ne sont point dans la classe des objets dangereux; que par conséquent elles ne sont point dans celle des objets confiscables.

§ 5.

Une des questions les plus importantes relativement aux neutres, est de savoir jusqu'où s'étend l'immunité de leur pavillon et de leurs chargemens, c'est-à-dire, 1° si le pavillon neutre couvre la marchandise ennemie, ou si elle peut être saisie? 2° si la marchandise appartenant à un neutre est confiscable lorsqu'elle se trouve sous pavillon ennemi?

L'usage a constamment varié à cet égard : chaque puissance s'est conduite selon ses vues et les circonstances. En ne consultant que les principes rigoureux du droit des gens, on trouve que ni dans un cas ni dans l'autre la marchandise ennemie n'est confiscable; et voici sur quoi est fondé ce sentiment.

Le pavillon indique la nation à laquelle le bâtiment appartient, et il en assure l'indépendance : les nations neutres ne consentent à la restriction de cette indépendance que pour les marchandises dites de *contrebande de guerre*, parce qu'elles seules y ont rapport : hors ce cas, elle doit demeurer intacte, et la moindre atteinte est une injure. Il résulte de là que la marchandise ennemie, naviguant sous pavillon neutre, et n'ayant pas le caractère de contrebande, participe à son indépendance; que par conséquent elle n'est point saisissable; c'est de là qu'est venu le proverbe *robe amie sauve marchandise ennemie.*

A l'égard des marchandises neutres chargées sur un bâtiment ennemi, elles doivent être également insaisissables, parce que le pavillon n'en dénature pas la propriété, et qu'un neutre peut d'autant plus se servir d'un bâtiment ennemi, qu'il a le droit incontestable de faire le commerce avec ce même ennemi. Certes on n'a jamais prétendu, dans la guerre de terre, avoir le droit de s'emparer des propriétés neutres qui se trouvent dans un pays ennemi; à quel titre changerait-on de principe et de conduite à l'égard de pareilles propriétés rencontrées en pleine mer? Il est impossible de trouver une raison plausible pour justifier un pareil procédé: sans doute on peut saisir le bâtiment ennemi, et faire l'équipage prisonnier; mais la marchandise neutre doit être exceptée. Quelle que soit la jurisprudence que les gouvernemens jugent à propos d'adopter à cet égard, si elle est contraire aux principes qui viennent d'être posés, elle est un acte de prépotence; et les seules nations faibles s'y soumettent (24).

§ 6.

Quant à la forme des visites, elle est déterminée par des traités (25) ou par l'usage général qui y est conforme. Il n'est permis ni aux bâtimens de l'état, ni aux corsaires de le transgresser. Voici en quoi consiste cet usage: le bâtiment de guerre doit se tenir hors de la portée du canon du bâtiment neutre, il lui fait la semonce par un coup de canon à poudre: celui-ci doit mettre en panne, sinon il s'expose à recevoir une seconde semonce à boulet: lorsqu'il s'est arrêté, le commandant du bâtiment de guerre envoie deux ou trois hommes pour visiter les papiers de mer: s'ils sont en règle, c'est-à-dire, s'ils justifient la propriété neutre du bâtiment et des marchandises, il est défendu de le visiter. La visite n'en est autorisée qu'en cas de soupçon bien fondé de fraude; et s'il y a lieu à contestation, ce soupçon doit être justifié.

§ 7.

Mais si l'on est d'accord sur la faculté de visiter les bâtimens neutres naviguant seuls, on est bien loin de l'admettre lorsqu'ils sont sous la protection d'un bâtiment de guerre. Comme tous les traités de navigation et de commerce, à l'exception de quelques traités modernes, à commencer par celui de la neutralité armée de 1780, passent cet objet sous silence, nous hasarderons quelques observations à cet égard. On peut dire, d'un côté, que l'état d'un vaisseau, armé ou non, ne change point les principes; que, par conséquent, si une nation en guerre a le droit d'empêcher que l'on ne fournisse à son ennemi des marchandises considérées comme prohibées, elle a également le droit de prendre toutes les précautions nécessaires pour remplir ce but; d'où il suit que, malgré le convoi, le droit de la visite demeure intact. Car qu'un bâtiment soit armé ou non, l'immunité est la même, selon les véritables principes du droit des gens, puisque, dans un cas comme dans l'autre, il est sous la sauvegarde de son pavillon. Sans doute le droit de visiter ne porte point sur le bâtiment de guerre, parce que celui-ci n'est point, et ne peut être présumé faire le commerce. On est parfaitement d'accord là-dessus; mais le bâtiment marchand n'est destiné qu'à ce seul objet : ce n'est que pour le remplir qu'il est en mer, et la protection armée qu'on lui accorde ne peut avoir d'autre objet que de le prémunir contre les vexations et les actes de violence et de piraterie (26).

D'un autre côté, on peut remarquer qu'un vaisseau de guerre au large domine sur tout l'espace qui est en dedans de la portée de son canon; qu'on ne peut point passer cette ligne malgré lui, et que tout ce qui s'y trouve est sous sa protection, et participe à son immunité; que c'est précisément dans ce dernier cas que sont les bâtimens marchands mis sous son convoi; que par conséquent toute tentative pour les arrêter et les visiter est une atteinte à son indépendance et à l'honneur de son pavillon, et le met dans la nécessité de la repousser par la force.

S'il nous est permis d'avoir une opinion sur une question aussi délicate, et qui se trouve soumise au droit coutumier, nous pensons que le droit de visite étant une ex-

ception au principe de la liberté, il est de la
justice, comme de la sagesse des puissances
maritimes de la restreindre autant que peut
le permettre leur sûreté, c'est-à-dire la nécessité de prévenir la contrebande de guerre. Il
ne s'agit donc que de déterminer les mesures
propres à remplir cet objet sans recourir aux
visites, à l'égard des bâtimens marchands naviguant sous convoi. L'exhibition des papiers
de mer est requise d'un navire voguant isolé-
ment; ceux qui sont sous convoi ont une garantie supérieure; d'un côté, celle du pavillon
militaire, dès qu'il a été assuré; de l'autre,
celle de la parole d'honneur de l'officier commandant le convoi: cette parole vaut bien
une patente. Il est certainement de la dignité
de tous les états d'attribuer à leur marine le
droit de donner cette double garantie. Par ce
moyen bien simple, ils conservent intact le
principe de l'immunité de leur pavillon, et
préviennent des discussions dangereuses. Mais
avant tout, pour éviter les querelles et les
voies de fait, il faudrait que l'on se mît d'accord à l'égard des marchandises dont le trans-
port doit demeurer libre; mais cet accord est
bien loin d'exister, il est même peu probable
qu'il existe jamais.

CHAPITRE XIV.

Des lettres de marque.

§ 1er.

L'objet des lettres de marque est d'autoriser des armateurs particuliers à courir les mers, pour s'emparer de tous les bâtimens marchands ennemis, d'arrêter et visiter les bâtimens neutres, et de les saisir s'ils sont chargés de marchandises prohibées. Ces armateurs sont communément appelés corsaires.

§ 2.

Les lettres de marque ne peuvent être accordées que par le souverain; et sans de pareilles lettres, un armateur faisant la course, est traité et puni comme forban par sa propre nation; il l'est également s'il combat sous un autre pavillon que celui de son pays.

§ 3.

L'usage a consacré cette espèce d'hostilité (27); mais l'usage n'a pu en sauver l'immoralité. Sans doute, en donnant aux lois de
la guerre toute l'étendue imaginable, toutes les propriétés d'une nation sont solidaires à l'égard de l'ennemi, et tout ce qui
appartient à mon ennemi, 's m'en emparer. Le cas de nécessité peu.   riser l'application d'une maxime aussi rigoureuse :
mais, hors de là, on ne la connaît plus pour
la guerre continentale : on ne pille ni les magasins, ni les marchands qu'on rencontre en
pays ennemi; cet abus est tout au plus toléré
quand une ville est prise d'assaut. Pourquoi
donc les pille-t-on sur la mer, qui est un élément libre? et ce pillage, quel rapport a-t-il
avec le but de la guerre, avec les principes du
droit des gens? Des particuliers s'enrichissent
aux dépens d'autres particuliers, et tout le
mal retombe sur le commerce, et sur les paisibles négocians des deux nations ennemies.
Voilà ce que c'est que la course, et elle n'est
rien autre chose. Je passe sous silence la manière irrégulière, et souvent féroce, avec la-

quelle se conduisent la plupart des corsaires ;
les vexations qu'ils font éprouver aux neutres,
et les querelles très sérieuses qu'ils provoquent : pour s'en convaincre, on n'a qu'à faire
le relevé de tous les réglemens que toutes les
puissances font pour les contenir, ainsi que
des contestations dont les amirautés sont sur-
chargées. Les nations ne s'éclaireront-elles jamais sur ce genre de brigandage ! Cependant
elles ont toutes intérêt à l'abolir, et elles y ga-
gneraient les hommes de mer que la course
absorbe.

§ 4.

Les prisonniers que font les corsaires appartiennent à l'état; ainsi ils ne peuvent point
en disposer : ils doivent les amener dans un
port de leur pays, même, s'il se peut, dans
celui de l'armement. Si le défaut de vivres ou
d'autres causes majeures les forcent de s'en
débarrasser, ils peuvent les déposer ou sur un
bâtiment neutre, ou sur terre neutre, en prenant leur parole de se considérer et de se déclarer à leur gouvernement comme prisonniers. Si la position du corsaire est telle qu'il
ne puisse ni déposer, ni conserver ses prisonniers, sans doute les lois de la guerre et même

le principe de propre conservation l'autorisent à les faire périr : mais si la nécessité la plus absolue de cette mesure extrême n'est point démontrée, elle ne saurait être trop rigoureusement punie. Les corsaires, généralement peu scrupuleux, et ne se piquant guère de générosité et d'humanité, ont besoin d'être contenus par les lois les plus sévères.

CHAPITRE XV.

Des saisies ou prises.

§ 1er.

La saisie des bâtimens ennemis est une conséquence de l'état de la guerre; celle des bâtimens neutres n'a lieu qu'en cas de fraude.

§ 2.

Un bâtiment qui a fait une prise, ne pouvant rentrer dans son pays, la conduit dans un port neutre; mais en général on ne lui accorde que vingt-quatre heures, et on ne lui permet pas la vente, parce que ce serait blesser la neutralité; on ne lui doit que sûreté, et cette sûreté consiste à empêcher un vaisseau ennemi de violer le territoire neutre.

§ 3.

Les prises ne deviennent point de droit la propriété du capteur : leur sort dépend de la décision de juges institués pour connaître de ce genre d'affaires. Cette précaution est nécessaire, parce qu'il peut y avoir erreur ou délit de la part du capteur.

§ 4.

Mais quel est le juge compétent des prises? L'usage général a décidé cette question. Il attribue la compétence au juge du saisissant.

CHAPITRE XVI.

Des relâches.

§ 1er.

Les bâtimens de guerre sont souvent obligés

de chercher une retraite dans un port neutre :
c'est ce qu'on nomme *relâche forcée*. Elle a
lieu pour éviter un ennemi supérieur, ou
pour des réparations, ou pour d'autres besoins
urgens.

§ 2.

Les neutres peuvent admettre ou refuser
ces relâches ; mais, dans l'un et l'autre cas,
leur conduite doit être la même à l'égard de
toutes les puissances en guerre : car autrement ils montreraient de la partialité, et rom-
praient par là la neutralité.

§ 3.

Mais une escadre entière ne peut demander
la relâche ; et la prudence veut qu'elle soit
refusée : on n'admet communément qu'un
petit nombre de vaisseaux à la fois, et ils sont
obligés de se retirer aussitôt que le motif de
la relâche a cessé. On ne peut, sous aucun
prétexte, leur permettre de recruter leurs équi-
pages (28).

CHAPITRE XVII.

Des conventions entre ennemis, nommément des trèves, armistices, suspensions d'armes.

§ 1er.

Des circonstances quelconques peuvent donner lieu à des conventions entre les ennemis : elles sont obligatoires (29).

§ 2.

On comprend parmi les conventions, les trèves, les armistices, les suspensions d'armes (30) : elles sont générales ou particulières, limitées ou illimitées. Dans le premier cas, l'état hostile est rétabli au moment de l'expiration du terme convenu; dans le deuxième cas, une des parties doit en dénoncer la cessation (31).

§ 3.

Les généraux en chef sont communément autorisés à faire de ces sortes de conventions; et, dans ce cas, elles ont le même effet que si elles eussent été faites par les gouvernemens eux-mêmes. Si le général, n'ayant aucune autorisation, a jugé convenable d'agir de son chef, la ratification doit précéder l'exécution. Mais ceci ne peut s'entendre que des armistices, ou trèves indéfinies ou à long terme; car les généraux ont, en vertu de leur commandement, le droit de faire des suspensions d'armes à court terme; par exemple, après une bataille, pour enterrer les morts : les circonstances sont leurs guides à cet égard.

§ 5.

Les principaux effets d'une trève ou d'un armistice (à moins de stipulations contraires), sont 1° d'arrêter tout acte hostile; 2° de maintenir la position des armées *in statu quo*. En général, les conventions expliquent la manière dont les trèves doivent être exécutées, et ce qui est permis et défendu de part et d'autre. Si elles sont muettes à cet égard, on peut faire tout ce qu'on aurait été autorisé à faire en temps de paix : les seuls actes hostiles sont interdits (32).

§ 5.

Il importe de déterminer clairement le com-

mencement et la fin d'une trève; il n'importe
pas moins que la publication en soit solen-
nelle et prompte, parce qu'il faut une date
certaine pour déterminer les actes hostiles
qui sont ou ne sont pas contraires à la trève.

§ 6.

La trève n'est point rompue par des entreprises contraires que se permettent des particuliers : elles donnent facilement lieu à une
réparation ; mais autorisées par le gouvernement, elles peuvent être considérées par
l'ennemi comme une rupture de fait; et il est
autorisé à reprendre les hostilités. Au reste,
ce point important est ordinairement réglé
par la convention même.

§ 7.

Il arrive quelquefois que, pour la sûreté de
la trève, on exige des otages ou la remise de
places fortes. Nous avons déjà traité du premier objet (liv. III, chap. VIII). Quant aux
places fortes, elles doivent, à l'expiration de
la trève, être restituées dans le même état où
elles avaient été reçues, à moins d'une stipulation contraire ; car elles ne sont qu'un dé-

pôt : elles sont perdues pour celui qui les a remises, s'il rompt la trève.

∿∿∿∿∿∿∿∿∿∿∿∿∿∿∿∿∿∿∿∿∿∿∿∿

CHAPITRE XVIII.

Du droit postliminaire ou de postliminie.

§ 1er.

Le droit de *postliminie*, relativement à la guerre, est le droit en vertu duquel les personnes et les choses prises par l'ennemi, sont ou rendues, ou remises dans leur premier état, quand elles reviennent sous la puissance de la nation à laquelle elles appartenaient.

§ 2.

En vertu de ce droit, les immeubles sortis des mains de l'ennemi recouvrent leur premier état et retournent à leurs propriétaires, ainsi que tous les droits civils et politiques qui y

---

* Voy. GROTIUS, *Droit de la guerre et de la paix*, liv. III, chap. IX.

étaient attachés, sans qu'on puisse leur opposer la prescription. Quant aux choses mobilières, comme le butin fait par les soldats, elles ne jouissent plus aujourd'hui de ce droit, en raison de la difficulté de les reconnaître; cependant par la raison contraire on excepte les cas où des choses mobilières seraient reprises aussitôt après avoir été enlevées; en mer cela s'appelle le droit de *recousse* : les bâtimens et les marchandises reprises sur l'ennemi dans les vingt-quatre heures retournent à leurs propriétaires.

§ 3.

On demande si des immeubles vendus par l'ennemi durant la guerre, jouissent du droit de postliminie. On répond que si les conquêtes dans lesquelles étaient compris ces immeubles sont restituées à la paix, le droit de postliminie a lieu; mais qu'il n'en est pas question, si les conquêtes sont conservées, quand même, par une autre révolution, elles retourneraient à leur ancien souverain. La raison de la différence est que la conquête ne donne point la propriété, ni par conséquent le droit d'aliéner. Il faut pour valider les aliénations dont il s'a-

git, une stipulation expresse dans les traités
de paix.

§ 4.

On demande aussi si une ville ou une province s'étant soumises volontairement au vainqueur, peuvent, en cas de restitution, réclamer le droit de postliminie? On répond que
non, parce qu'elles ont elles-mêmes détruit
leur ancienne existence politique; si, au contraire, leur soumission a été l'effet de la force
ou de la crainte, le droit conserve toute son
efficacité.

CHAPITRE XIX.

Des effets de la guerre.

§ 1er.

Le droit de guerre repose sur cette maxime
fondamentale : *faites à votre ennemi autant
de mal qu'il est nécessaire pour le forcer d'être
juste, mais ne lui en faites point au delà.* C'est

d'après cette maxime que doivent être déterminés les effets de la guerre.

§ 2.

Le premier de ces effets est le droit de
s'emparer à titre de nantissement des domaines de son ennemi, comme étant le seul
moyen de le forcer à donner la satisfaction
qu'il refuse : c'est de là que résulte le droit de
conquête *.

§ 3,

On enseigne généralement que l'on peut se
saisir, à titre de *premier occupant*, de tout ce
qui appartient à l'ennemi; cette doctrine a
été puisée dans les lois romaines (33), qui
déclarent légitimement acquis tout ce qui a
été pris par une des parties belligérantes sur
l'autre. Ainsi, abstraction faite des choses
mobilières, les domaines respectifs sont considérés comme *res nullius*, à l'exemple de
toutes les terres abandonnées. Mais cette jurisprudence nous paraît aussi erronée qu'elle
est dangereuse dans l'application : elle est erronée, parce qu'elle remet en quelque sorte

---

* Voy. plus bas, chap. xx.

les nations ennemies dans l'état primitif de la
nature, où tout était à tous, et rien à personne : or, il est constant que la propriété a
existé avant l'établissement des sociétés civiles,
et que le premier but de ces sociétés a été de
la consolider*. Il faut ou que le droit de guerre
détruise l'ordre social, ou que cet ordre subsiste malgré la guerre. Je dis que la propriété
subsiste malgré la guerre : cette vérité est
fondée sur la nature même du droit de la
guerre. En effet, comme nous l'avons observé
plus haut (34), la guerre remplace entre les
nations les tribunaux qui connaissent et dé-
cident des différens entre particuliers. L'objet
de la guerre est donc de poursuivre par la
force la satisfaction qui a été injustement refusée. Ainsi, la force est ici protectrice, non
destructrice, non envahissante; en un mot,
elle est l'appui de la raison; elle prend sa
place, non pour la détruire, mais pour la faire
triompher. Or, que dit la raison relativement
à la guerre? Elle dit qu'on peut forcer son
ennemi d'être juste; qu'on peut lui faire tout
le mal nécessaire pour atteindre à ce but;
mais que, dès qu'il est rempli, dès que l'en-

---

* Voy. liv. I, chap. I et II.

nemi cède, et qu'il offre la satisfaction légitimement exigée, la guerre n'a plus d'objet et
dégénère en brigandage : il est évident que
pour suivre cette direction il est inutile de
bouleverser l'ordre social, de regarder les domaines respectifs comme abandonnés. On a
le droit de s'en emparer, non à titre de propriété ou de déréliction, mais seulement à
titre de nantissement : cela est si vrai que *la
conquête ne donne rien si ce n'est la jouissance
momentanée*, et que la propriété, comme
nous l'établissons ailleurs, n'est acquise que,
par une transaction, par un traité de paix (35).
Ne perdons point de vue le principe originel
du droit de la guerre; ce principe est la propre
conservation, il est la pierre de touche de
toutes les entreprises hostiles. Or, ce principe
peut-il, sous aucun rapport, justifier celui
qu'on a puisé dans le droit romain? Pour
achever d'en démontrer l'absurdité, nous observons qu'il est fondé sur une fausse supposition. Selon les auteurs qui l'ont adopté, les
domaines des nations en guerre sont *res nullius*, parce qu'elles sont regardées comme
abandonnées. Mais ce motif est absolument
faux, car un souverain en guerre a si peu
abandonné ses domaines, qu'il les défend à

main armée; d'un autre côté, lors même que les choses sont négativement communes, c'est-à-dire que tous peuvent en jouir, et qu'elles n'appartiennent à personne, celui qui les occupe n'en est le maître que durant le temps de son occupation. Ainsi, en remontant même jusqu'au monde primitif, une nation ne saurait être censée avoir abandonné un domaine qu'elle *occupe*, et la dépossession violente ne saurait être considérée comme une dérélic-tion ; ce domaine ne peut donc point, même en temps de guerre, être considéré comme *res nullius*; car la guerre ne détruit point les droits naturels de l'homme, et ceux des nations ne sont point autre chose, à moins qu'on ne place les nations hors de la nature.

Outre que ce dernier principe est erroné en lui-même, et qu'il est une des plus grandes absurdités qu'on ait jamais enseignées, il est très dangereux dans ses conséquences : en effet, il ouvre un champ sans bornes à l'ambition, il autorise tous les brigandages, il rend les guerres interminables tant qu'il reste quelque espoir de conquérir, d'envahir, de détruire. Les auteurs qui soutiennent le principe que nous combattons, décèlent eux-mêmes l'embarras qu'il leur cause lorsqu'ils parlent des conquêtes et des moyens de faire la paix; lorsqu'ils prêchent la justice, la modération; lorsqu'ils indiquent les bases d'après lesquelles deux nations en guerre doivent se réconcilier. S'ils ne mettaient pas à l'abandon les domaines, s'ils n'attribuaient pas au vainqueur un droit illimité de conquérir et de conserver, certes il serait plus facile de terminer les différens, parce que les conquêtes auraient des bornes, comme en ont les offenses; et ces bornes en mettraient à la guerre, en restreignant les espérances de l'avidité et de l'ambition.

Je termine cet article par une observation digne d'être prise en considération. Tout dans la pratique est égal entre deux nations en guerre; tous les principes leur sont communs. Ainsi les domaines de la nation qui fait une guerre juste, nécessaire, sont à la merci de la nation ennemie, qui est auteur de l'injustice et de la guerre; c'est-à-dire que tout ce qui appartient à la première peut être envahi et conservé; ce sera la fortune seule qui servira de juge, qui légitimera les spoliations; et les principes éternels de la justice doivent être renvoyés à la perfection idéale de Platon.

Sans doute rien n'est moins respecté dans la pratique que les principes que nous venons

d'établir, et il ne faut pas s'en étonner, c'est
que les principes sont une entrave pour l'ambition. Il convient mieux aux souverains de
considérer les peuples comme une propriété
disponible, dont ils peuvent trafiquer à leur
gré. Les peuples, de leur côté, sont accou-
tumés à ce joug; et quels moyens auraient-ils
pour le secouer? leurs tentatives à cet égard
ne serviraient qu'à l'appesantir. Nous pouvons
ajouter cette vérité pratique, qu'en général
les peuples sont fort indifférens sur les changemens que leur sort éprouve, pourvu qu'on
leur laisse, ou au moins qu'on leur promette
de leur laisser leurs habitudes.

§ 4.

Autrefois on ne distinguait pas les propriétés
des sujets d'avec celles des souverains, parce
qu'ils étaient également considérés comme
ennemis, à cause de leur identité avec leur
chef : mais la politique moderne a changé
cette rigoureuse et injuste jurisprudence : les
propriétés particulières sont respectées, sauf
le cas de nécessité; tout ennemi qui en agirait
autrement serait blâmé, et avec raison, comme
violateur du droit des gens, parce qu'il ferait
le mal sans utilité pour le but de la guerre. Il

est des auteurs qui prétendent que les femmes, les enfans, les vieillards, les malades, sont au nombre des ennemis comme membres de la société; mais cette doctrine outrepasse les droits de la guerre, et est contraire aux principes d'après lesquels elle doit être dirigée.

Peut-on considérer, et par conséquent traiter comme ennemis des êtres impuissans? Atteindra-t-on en les maltraitant, en les enlevant, le but de la guerre, qui est une juste satisfaction? le principe de propre conservation exige-t-il une pareille rigueur? Tout cela est senti par les nations modernes; aussi respectent-elles tout ce qui ne porte pas les armes: si elles n'en agissent pas ainsi par un sentiment de générosité, elles le font en cédant à la force irrésistible des principes et de l'humanité, et en dernière analyse l'avantage est réciproque.

§ 5.

Il nous reste à parler ici des effets de la guerre à l'égard des traités et de toute espèce de conventions. Les traités ne constituent point l'indépendance des nations; ils déterminent seulement les rapports qu'il leur a convenu d'établir entre elles, pour leur intérêt réciproque, pour le maintien de la paix, de la bonne harmonie, et particulièrement pour leur sûreté commune. Or il est certain que la guerre rompt tous les rapports, par conséquent tous les titres particuliers sur lesquels ils étaient fondés. Les nations en guerre ne connaissent plus entre elles d'autres obligations que celles que leur impose le droit des gens; nous disons donc qu'il ne peut point être question des traités conclus avant l'état de guerre. Il n'y a aucune exception à ce principe. L'annulation porte sur toutes les stipulations, de quelque nature qu'elles puissent être: il faudrait une déclaration expresse pour les maintenir. Cette doctrine est consacrée par la pratique constante de tous les gouvernemens.

CHAPITRE XX.

Des conquêtes.

§ 1er.

Il est constant qu'une guerre injuste ne peut procurer que des conquêtes injustes, des usurpations ; mais personne n'ayant le droit de les juger, elles sont traitées comme légitimes, ainsi que celles qui sont le résultat d'une guerre justement entreprise. Tel est l'effet de la force lorsqu'elle triomphe. Un agresseur injuste ne consulte que ses avantages, et non la justice de sa cause. S'il en était autrement les guerres seraient plus rares, parce qu'il n'y en aurait que de légitime.

§ 2.

On doit entendre par *conquêtes* les domaines enlevés à l'ennemi, et qu'on occupe par la force des armes.

§ 3.

Tant que dure la guerre, celui qui fait une conquête n'en est que détenteur, dépositaire, et non propriétaire; elle n'est qu' gage entre ses mains pour s'assurer de la satisfaction qu'il a droit de réclamer de son ennemi. Ainsi il peut faire régir sa conquête en son nom, et en percevoir le revenu public; mais il ne doit rien changer à la forme de l'administration, ni priver les habitans de leurs propriétés, de leur liberté, de leurs droits et de leurs privi-léges. Au reste, cela s'entend seulement d'un pays dont les habitans n'ont commis de leur chef aucun acte hostile; car, dans ce dernier cas, ils peuvent être regardés comme les associés de leur souverain; tandis que, dans le premier, c'est au souverain que l'ennemi a affaire. Le vainqueur ne peut point avoir des droits que n'a pas le souverain dont il prend la place; c'est de lui seul qu'il cherche une satisfaction; ce sont ses droits qu'il exerce; en un mot c'est lui seul qu'il a droit et intérêt de punir. Telle est la conduite que la modé-ration conseille, et que prescrit la justice: telle est aussi, en général, la pratique moderne.

§ 4.

La propriété réelle et incommutable ne peut être établie que par un traité de paix. Alors seulement tous les droits comme toutes les charges de l'ancien possesseur sont transmis au nouveau; ainsi toutes les créances non personnelles passent à celui-ci, et il est chargé de toutes les dettes. Il doit en général maintenir l'ancien ordre de choses, à moins que la conduite des habitans, ou des raisons d'état majeures ne le déterminent à faire des changemens, dans la forme de l'administration (36).

§ 5.

Il se présente ici une question bien importante : c'est de savoir si la conquête est par elle-même un titre suffisant pour acquérir la souveraineté sur les habitans du pays conquis. Les auteurs sont en général pour l'affirmative ; et leur opinion semble, de prime abord, conforme à l'usage. Mais je dois avouer que je la trouve contraire à l'indépendance que la nature a imprimée à l'homme. Cette indépendance est tellement sacrée que l'homme seul peut y renoncer de son gré, et qu'aucun autre

homme ne peut l'y contraindre sans user de
violence, sans usurper un droit que ni la nature ni aucun pacte ne lui ont accordé. Le
souverain peut bien se démettre de la domination d'un pays; il peut renoncer au droit de
représenter une partie de sa nation, mais il ne
peut point la soumettre malgré elle à une domination étrangère. La doctrine contraire détruit la base fondamentale du droit naturel et
imprescriptible de l'homme.

§ 6.

Ainsi le vainqueur peut bien acquérir des
domaines; mais il ne peut point acquérir des
hommes, c'est-à-dire devenir leur souverain,
leur maitre, malgré eux : il faut leur consentement ou exprès ou au moins présumé.

§ 7.

C'est dans ce consentement que consiste
essentiellement la légitimité de la cession d'une
conquête, le complétement du traité qui doit
la consolider (37); et cette vérité, sans être
avouée ouvertement, est tellement pratique,
qu'on exige un nouveau serment de fidélité
des habitans d'un pays conquis et cédé, et que
souvent même on leur laisse un temps déter-

miné pour se retirer, et pour vendre leurs
propriétés. La prestation du serment de fidélité est l'expression du consentement, quoiqu'il soit souvent l'effet de la contrainte ; et
la continuation non forcée du domicile , si le
serment n'est pas exigé, peut être considérée
comme consentement tacite : la tranquillité
publique le veut ainsi ; mais il y aurait de
l'imprudence à s'y fier entièrement. Sans doute
les peuples abandonnés à leur propre sentiment sont en général dociles, endurans, et
gouvernés par leurs habitudes, qu'on peut
appeler routine ; mais, au défaut de leur propre sentiment, ils deviennent aisément un
instrument aveugle dans les mains d'hommes
ambitieux ou turbulens, qui les échauffent
en parlant de leur indépendance, de leur liberté, de leurs droits ; en leur persuadant que,
n'ayant fait aucun acte de soumission, leur
nouveau souverain est un usurpateur, un
tyran. Il importe de prendre des précautions
contre de pareilles suggestions : le serment en
en est une : on aura beau l'appeler une simple formalité, un titre mensonger ; il est, selon moi, d'une absolue nécessité : il donne du
moins une apparence de liberté à la soumi-
sion.

§ 8.

Le terme où un vainqueur doit arrêter ses conquêtes est difficile à déterminer : on peut dire, en général, que leur progrès doit accélerer la paix ; ainsi celle des parties belligérantes qui a des avantages, fait sagement de les poursuivre, pour atteindre à ce but. Quant à sa conduite lorsqu'il s'agit de faire la paix, il en est question ailleurs *.

§ 9.

En établissant les principes relatifs au droit de conquête, nous avons à parler de celui de *convenance* ; ce mot a causé à lui seul plus de guerres que les motifs avoués par la justice ; et il compose depuis long-temps presque tout le code de la politique : l'impuissance seule met un terme à son application indéfinie. La convenance circonscrite dans des bornes raisonnables, c'est-à-dire calculée sur le principe de propre conservation, est juste, sinon pour faire la guerre, du moins pour conserver des conquêtes légitimement faites. Cette maxime

---

* Voy. liv. III, chap. xxi.

a pour base la politique moderne fondée sur le *système d'équilibre*, et ce système est fondé sur cette triste vérité, que plus les souverains sont puissans, et plus ils veulent l'être, ou, en d'autres termes, que la prospérité alimente l'ambition ; c'est là ce qui a conduit Alexandre jusqu'à l'Indus, Charlemagne jusqu'à l'Elbe, etc. Il est sans contredit de la convenance des puissances inférieures, par conséquent menacées, de se garantir contre un pareil débordement ; et cette convenance les autorise à ramener au niveau, s'il est possible, les puissances en état de les engloutir. C'est ainsi que Louis XIV, éclairé par l'ambition systématique de l'Espagne, et sans cesse menacé par la prépondérance de cette puissance, a cherché les moyens de la diminuer, et de se procurer par là la sûreté et la tranquillité de ses états. Reste à décider si ce monarque a ou n'a pas excédé les bornes que lui traçait la raison (38).

CHAPITRE XXI.

De la paix.

§ 1ᵉʳ.

La paix est le but direct de la guerre; et les causes de la guerre en sont la mesure: ainsi, et on ne saurait trop le répéter, dès que la satisfaction justement poursuivie les armes à la main, est obtenue, ou dès qu'elle est offerte et assurée, la guerre n'a plus d'objet, elle est terminée, et l'état de paix doit succéder: telles sont les maximes invariables, positives, éternelles du droit des gens; telles sont les maximes qui règlent les contestations d'homme à homme dans l'état de nature: il ne saurait y en avoir d'autres de nation à nation. Or, l'homme, dans cet état, a le droit de se procurer la restitution de la chose qui lui a été indûment enlevée, ou la réparation d'une injure; il peut aussi exiger une juste indemnité; mais il ne saurait rien demander au delà, parce que, dans ce dernier cas, il se rendrait lui-même coupable de l'injustice contre laquelle il aurait réclamé. Il ne faut jamais s'écarter de ce principe positif, que les nations ne sont que des individus les unes à l'égard des autres, et que leurs droits respectifs sont limités par les mêmes lois que celles que la raison naturelle prescrit à tous les hommes. On sentira facilement les conséquences funestes de l'oubli de ces importantes vérités : la plus évidente et la plus immédiate serait que les conquêtes n'ayant pas de bornes, le droit rigoureux de la guerre mettrait toutes les nations à la merci de la fureur ou de la magnanimité d'un conquérant heureux ; elles seraient sans cesse exposées à la convoitise de l'ambition ou de l'avarice, et il n'existerait plus aucune garantie ni pour leur tranquillité, ni pour leur indépendance. Sans doute si l'on pouvait séparer la cause des peuples de celle de leurs chefs, il serait peut-être utile de suivre une autre doctrine que celle que nous venons d'exposer ; la crainte d'être dépouillés pourrait arrêter les souverains qui, sans ce frein salutaire, seraient disposés à ruiner leurs sujets, à répandre leur sang sans scrupule comme sans remords, en provoquant ou entreprenant des guerres injustes : malheureusement les choses ne sont point ainsi : ce sont toujours les peuples qui sont les victimes de la guerre; et l'on peut, à peu près dans tous les cas, dire à leur égard : *quidquid delirant reges*, etc.

Quoi qu'il en soit, la pratique ne s'écarte que trop souvent des salutaires vérités que nous venons de rappeler : la paix dépend en général plutôt du plus ou moins de succès qu'une des parties a obtenus, des moyens de les étendre, ou de l'épuisement, que des principes de justice, de modération, d'humanité, qui devraient constamment diriger les conducteurs des nations : les succès ne font que trop souvent perdre de vue le sujet primitif de la guerre, pour y substituer des projets d'ambition, de conquêtes, et même de simple convenance bien ou mal calculée, projets auxquels on était loin de songer dans l'origine, et dont l'objet est la plupart du temps hors de toute proportion avec la satisfaction qui peut être due, et qui, loin de contribuer à la liberté, à la prospérité, au bonheur des nations, porte souvent atteinte à l'un et à l'autre.

Mais en supposant même au vainqueur un droit indéfini de profiter de ses avantages, il est des bornes qu'il ne peut dépasser sans danger, ou au moins sans être accusé d'imprévoyance, sans porter atteinte à sa réputation, sans détruire la confiance qu'il doit être si jaloux d'établir, sans être regardé comme l'ennemi du repos public, et souvent sans préparer le germe de nouvelles guerres, qui, en ruinant les peuples, peuvent exposer à de nouveaux hasards sa fortune, sa gloire, et le salut de l'état : *illam ipsam fortunam quá aspirante rem tuam prospere gessisti, verearis* [*].

Pour demeurer invariablement dans de justes bornes, un gouvernement sage et prévoyant n'a qu'à se placer devant des arbitres impartiaux, et les interroger de bonne foi; certes il ne se trompera point sur leur réponse : c'est cette réponse présumée qui doit lui servir de guide; et ce guide ne l'égarera point. Mais s'il le quitte pour s'abandonner sans frein à son ambition, à ses vues exagérées, à un faux système politique, il pourra sans doute faire de vastes conquêtes ; mais elles seront désavouées, ces conquêtes, par la justice, par la saine raison, par la sagesse, par le véritable intérêt national (39). Je ne porte

---

[*] Q. Curt., liv. III.

pas plus loin mes observations sur cette importante matière, parce que je m'écarterais de mon sujet.

Ainsi, lorsqu'il s'agit de paix, lorsque le vainqueur la veut sérieusement, lorsqu'il ne déguise pas son ambition sans bornes sous le masque de la modération et de l'humanité; lorsqu'enfin il veut une paix juste et durable, je le répète, la première chose qu'il doit considérer, c'est le motif même de la guerre; ce doit être là la base fondamentale des ouvertures et des négociations. Toutefois il est permis au vainqueur qui a soutenu une guerre juste, d'aller au-delà de cette limite; il peut profiter de ses avantages pour châtier un ennemi injuste, malfaisant, ou qui s'obstinerait à refuser la paix à des conditions raisonnables; il peut même chercher ses convenances. Mais que cet article des convenances est délicat! Qu'il est facile de se laisser égarer, et de sortir des bornes de la raison naturelle, de même que des regles que prescrivent la prudence et l'intérêt bien entendu de l'état.

Quant au souverain pour qui les événemens de la guerre sont malheureux, qui voit peu de chances pour réparer ses revers, ou qui en voit qui exigeraient des efforts ruineux, non seulement la paix lui est nécessaire, mais elle est même un devoir; et ne la point rechercher, ou bien la refuser, c'est trahir la nation, c'est vouloir exposer son existence au hasard, c'est vouloir suivre l'impulsion d'une fausse dignité ou d'un aveugle désespoir, au lieu de suivre celle de la nécessité, de la prudence et du salut de la patrie.

§ 2.

Nous ne parlons pas des démarches dont le but est de préparer la paix, non plus que des négociations qui doivent la précéder : cette matière appartient exclusivement à la prudence politique, et ne saurait être assujétie ni à des règles fixes, ni à des exemples : les circonstances seules peuvent être consultées : ainsi, nous observerons seulement, que c'est doublement bien mériter de la patrie et de l'humanité que de saisir, sans égard à un faux amour-propre, à un fantôme de dignité, les occasions qui peuvent faire connaître les dispositions pacifiques, et acheminer les choses dans la voie de la conciliation : quelle que puisse être l'issue de pareilles démarches, elles assurent au souverain qui les fait, l'affection et la reconnaissance de ses sujets, comme l'estime et la confiance des autres nations : mais, disons-le franchement, une pareille conduite n'appartient qu'aux grandes ames, à ces êtres privilégiés qui ont le courage de penser que la magnanimité n'est point une chimère, ni un acte de faiblesse.

§ 3.

Il y a deux espèces de traités de paix ; les uns sont *préliminaires*, les autres *définitifs*.

§ 4.

Lorsque les objets à régler sont nombreux et compliqués, ou lorsque plusieurs puissances ont pris part à la guerre, ou enfin lorsque le besoin de paix est senti de part et d'autre, le désir de mettre promptement un terme aux hostilités a fait adopter la forme des *préliminaires*. On y règle ordinairement les points principaux, c'est-à-dire ceux qui ont donné directement lieu à la guerre, de même que les dédommagemens : on renvoie le surplus au traité définitif.

Les traités préliminaires font ordinairement cesser les hostilités ; l'état de paix et les communications sont rétablis, souvent même on désarme, après toutefois qu'on en est expressément convenu (40). Néanmoins l'effet d'un traité préliminaire dépend entièrement du traité définitif. Ainsi, si ce dernier n'a pas lieu, le premier devient caduc. La pratique est conforme à ce principe. Il arrive quelquefois que tandis qu'on négocie les préliminaires, et qu'on est même déjà convenu des points les plus essentiels, des événemens surviennent qui changent la situation militaire. Dans ce cas on est sans doute autorisé à réclamer, en invoquant la bonne foi, le maintien de ce qui avait été arrêté; mais qu'il est rare de ne pas hausser ses prétentions après la victoire! Quels éloges ne méritent donc pas les princes qui n'en abusent point (41)!

Les traités, soit préliminaires soit définitifs, ne sont obligatoires que du moment de leur ratification [*] : jusqu'à ce que cette formalité nécessaire soit remplie, toute exécution demeure suspendue.

§ 5.

La cessation des hostilités dans les différentes parties du monde, donne souvent lieu à des difficultés, parce que les ordres n'arri-

---

[*] Voy. liv. II, chap. v.

vent pas à temps, surtout lorsqu'ils sont ex-
pédiés par mer, ou bien on prétexte de ne les
avoir pas reçus, pour continuer des hostilités. Ces circonstances doivent faire sentir la
nécessité de prendre toutes les précautions
possibles pour prévenir les malentendus, et
surtout des entreprises contraires au texte et
à l'esprit des traités. Dans ce dernier cas, tout
doit être rétabli sur le pied du traité.

§ 6.

Quel que soit le lieu où se tiennent les conférences pour la paix, les ministres chargés
de cette importante besogne, doivent y jouir
de l'inviolabilité et de toutes les immunités que
l'usage a, de tous les temps et chez tous les
peuples, attachées à leur caractère ; et toutes
les précautions doivent être prises pour la sûreté de leur route, comme pour celle de leur
séjour. En cas de rupture des négociations,
leur retour doit également être assuré.

§ 7.

Quant au cérémonial que les plénipotentiaires observent entre eux, ils le règlent eux-
mêmes ; et quand le désir de faire la paix est

sincère de part et d'autre, on se débarrasse de la gêne de l'étiquette ; dans le cas contraire, les difficultés peuvent devenir interminables. Tout ce que nous croyons devoir faire observer à cet égard, c'est que les plénipotentiaires doivent se légitimer réciproquement, en produisant des pleins pouvoirs revêtus des formes généralement adoptées [*].

§ 8.

Nous ne parlons pas des conditions de la paix, parce qu'elles ne sont pas de notre ressort. Tout ce que nous pouvons dire à cet égard, c'est qu'il dépend des parties contractantes d'y comprendre, non seulement les objets qui ont donné directement lieu à la guerre, mais aussi tous les autres différens qui subsistent entre elles. Mais ces derniers ne doivent point arrêter l'œuvre de la paix : si l'on ne peut s'accorder, elles doivent être renvoyées à des négociations particulières.

§ 9.

Lorsque dans un traité de paix on stipule pour soi et ses alliés, on demande si cette

---

[*] Voy. liv. II, chap. v.

clause s'étend sur les alliances contractées après la signature de la paix; il est évident que cette extension n'a pas lieu, parce qu'elle n'est point dans l'intention présumée des contractans : pour l'établir, il faudrait une clause expresse. Cette question a été agitée entre les Romains et les Carthaginois, au sujet de Sagonte, alliée des premiers *.

§ 10.

Mais il se présente ici une question plus délicate et plus difficile à résoudre. Lorsque les belligérans ont des alliés, quelle conduite doivent tenir les premiers? Peuvent-ils négocier la paix sans appeler leurs alliés? Ceux-ci ont-ils le droit d'exiger cet appel? L'ennemi peut-il refuser de les admettre? Voici nos observations sur ces questions.

En thèse générale, un allié ne joue qu'un rôle secondaire; il n'emploie ses forces que pour le soutien des intérêts de l'état belligérant; son intérêt personnel est étranger à la querelle; en un mot, il n'est, si je puis m'exprimer ainsi, que l'ombre de son allié. Si

---

* Voy. GROTIUS, liv. II, chap. XVI, § 13.

donc celui-ci cède, s'il se détermine à la paix, son auxiliaire doit suivre la même direction, et les obligations de celui-ci cessent de droit par la paix, ainsi que l'ombre disparaît avec le corps qui la produisait. Comme il n'a aucun grief personnel à alléguer, il n'a aucune part à prendre aux négociations.

Mais, dira-t-on, s'il existe entre les deux alliés des conventions, des stipulations qui assurent des avantages à l'auxiliaire, comme prix de ses secours, celui-ci n'a-t-il pas le droit de les réclamer directement vis-à-vis de la puissance ennemie, et, par suite, d'intervenir dans les négociations?

Cette prétention est insoutenable. Les stipulations dont il s'agit, sont à l'égard de l'ennemi, *res inter alios acta;* et comme elles ne font point partie des motifs de la guerre, elles ne peuvent également point entrer dans les conditions de la paix. En tout cas, c'est à l'allié belligérant qui a promis, à agir seul pour opérer l'exécution de ses promesses : son ennemi n'est tenu à rien ; et son impuissance seule peut le forcer à céder.

Quant au parti qu'il convient au belligérant de prendre en faveur de son allié, c'est à la politique et non au droit des gens à le déter-

miner. Ce qu'il y a de certain, c'est que le belligérant est la partie principale; que, par conséquent, ses intérêts marchent avant ceux de
l'allié. Tout ceci au reste est dit dans la supposition qu'il n'y a pas de motif direct de
guerre entre l'auxiliaire et la puissance contre laquelle il fournit des secours; car dans
ce cas, la chose change de face. Il y a cause
commune entre les alliés du fait de leur ennemi, et dès lors les négociations pour la
paix doivent être également communes.

§ 11.

C'est une chose bien importante et bien
délicate que la rédaction d'un traité de paix;
car il n'est aucun acte qui se fasse avec plus
de défiance, puisqu'il y a toujours une partie mécontente: il exige donc de la clarté,
de la précision, une noble simplicité: le vainqueur doit parler le langage de la modération;
le vaincu celui de la dignité: s'il est humilié
par les choses, il ne doit point l'être par les
mots; aucun sujet grave de discussion ne
doit demeurer indécis, aucune expression ne
doit fournir matière à doute et à interprétation, aucun mot, aucune phrase parasite ne
doit être admise; les équivoques, les amphi-

bologies, les subtilités, les surprises, doivent être soigneusement évitées. Il est de prétendus diplomates qui trouvent le mérite d'un traité de paix dans sa brièveté, comme si les négociateurs étaient les maîtres du nombre et de la complication des objets et des intérêts qu'ils ont à régler; comme si les différens des nations pouvaient être mis en abrégés, de même que l'histoire romaine, la géographie, etc.; comme si les langues offraient pour tout des termes tellement précis, tellement individuels, si je puis m'exprimer ainsi, qu'il ne soit pas possible de se méprendre sur leur application. Il est aussi des auteurs qui se plaisent à citer le traité de Westphalie comme un chef-d'œuvre de précision, comme un modèle à suivre : cependant il est rempli d'imperfections, de contradictions, d'équivoques, et c'est le plus volumineux de tous les traités existans. En revanche, il en est un qui est plus court; c'est une convention faite entre l'Angleterre et le Portugal, en 1703; il ne renferme que deux articles, parce qu'il n'y avait que deux objets à régler. Je dis en deux mots à ces abréviateurs, qu'un traité ne se mesure et ne s'apprécie pas à la toise, qu'il doit avoir tout le développement

que son objet exige, et que souvent la conci-
sion peut avoir des conséquences dangereuses
pour le repos des nations.

CHAPITRE XXII.

Des arbitres et des médiateurs.

§ 1er.

Lorsque deux puissances ne peuvent elles-
mêmes parvenir à concilier leurs prétentions
respectives, elles nomment des arbitres, ou
seulement des médiateurs.

§ 2.

Les arbitres reçoivent un pouvoir qui les
autorise à prononcer définitivement sur les
différens qui divisent les deux parties; ainsi,
dans ce cas, ils remplissent les fonctions de
juges: le compromis en vertu duquel cette
autorité leur est déléguée, est la loi commune
des parties, et elles sont obligées d'exécuter
le prononcé des arbitres, quel qu'il puisse

être. On sent combien il est nécessaire que ceux-ci se conduisent avec l'impartialité la plus scrupuleuse; ils doivent se renfermer strictement dans l'objet de la contestation qui leur est soumise: ce qu'ils feraient au-delà n'obligerait point les parties. La prudence la plus réfléchie doit déterminer le choix des arbitres, car il est rare qu'un souverain quelconque n'ait pas des rapports plus ou moins directs avec une des deux parties.

§ 3.

La différence entre le médiateur et l'arbitre consiste en ce que l'arbitre prononce un véritable jugement obligatoire, et que le médiateur ne donne que des avis et des conseils que les parties peuvent suivre ou ne pas suivre; souvent même la médiation n'est qu'une simple formalité que l'on adopte pour se rapprocher. Deux puissances en guerre, quoique désirant la paix, éprouvent de la répugnance à se faire des ouvertures directes. Elles ont alors recours à une puissance neutre. Celle-ci leur sert d'intermédiaire pour leurs communications et elle y joint les conseils pour opérer un rapprochement. C'est ainsi qu'étant avouée de part et d'autre, elle remplit les fonctions de médiateur. Souvent un médiateur offre de lui-même ses bons offices.

§ 4.

Il arrive aussi quelquefois que la médiation est proposée par l'allié d'une des parties belligérantes. Cette offre est une conséquence de l'alliance, car il est d'usage de stipuler que l'allié fera des démarches conciliatoires avant de donner les secours convenus. Si elles sont infructueuses elles mettent le médiateur à l'aise sur le parti qu'il lui convient de prendre. Au reste, un médiateur de cette espèce est difficilement impartial; et il faut toujours prévoir qu'en cas de non réussite, il se joindra à son allié: c'est à l'autre partie à prévoir cet événement, et à y adapter d'avance sa conduite et ses prétentions (42).

§ 7.

Souvent les médiateurs se rendent garans des traités conclus sous leur médiation (43). Des engagemens de cette nature rentrent dans la classe de tous les actes de garantie; sans une stipulation expresse, ni le médiateur, ni l'arbitre ne sont garans, ils n'ont pas même le droit, dans ce dernier cas, d'exiger l'exécution du traité conclu sous leurs auspices.

CHAPITRE XXIII.

De l'exécution des traités de paix.

§ 1er.

La manière d'exécuter les traités de paix est ordinairement déterminée par un article particulier; et cette précaution est tellement de pratique, qu'il n'existe aucun traité où elle n'ait été prise avec la précision que la nature des choses pouvait comporter. A défaut de cette même précaution, tout demeure incertain, parce que la diligence promise ou présumée est une chose vague, dont une puissance mal intentionnée peut facilement abuser (44). Au surplus, les engagemens datent communément du jour de l'échange des ratifications, à moins d'une stipulation contraire. Ainsi tout ce qui se trouvera avoir été fait postérieurement à cette date, devra être

réparé; par conséquent une ville prise, une
province conquise, des contributions impo-
sées postérieurement à cette même date,
doivent être restituées sans aucun équivalent. Toutefois la prudence veut que de pareils cas, et en général tout ce qui peut fournir matière à discussion, soient prévus avec
précision dans le traité même.

§ 2.

Les termes stipulés sont de rigueur : si des
obstacles insurmontables et prouvés tels
s'opposent à la ponctualité de leur exécution,
l'excuse doit être admise. En général, il faut
confiance et bonne foi ; le défaut de l'un ou
de l'autre pourrait facilement rallumer le
flambeau de la guerre, au moment où les
peuples se féliciteraient de le voir éteint *.

Voy. Vattel, *Droit des Gens*, liv. IV.

CHAPITRE XXIV.

De l'interprétation des traités de paix.

§ Ier.

Quand des négociateurs mal habiles ou de mauvaise foi, ou peu au fait de la matière, insèrent dans des traités des stipulations vagues, amphibologiques, équivoques, obscures, il en peut résulter les inconvéniens les plus graves [*]. Sans doute on a recours à *l'interprétation;* mais chaque partie prétend interpréter à sa manière, et selon son intérêt, d'où il résulte que la matière, au lieu de s'éclaircir, ne fait que s'embrouiller davantage, et qu'elle peut aisément conduire les parties à une rupture. On conçoit d'après cela combien il importe que les négociateurs connaissent parfaitement et la langue dans laquelle ils traitent, et les matières sur lesquelles ils ont

---

[*] Voy. liv. II, chap. xiv.

8.

à prononcer, et surtout qu'ils soient de bonne foi.

§ 2.

On a donné beaucoup de règles d'interprétation [*]: mais comment y assujétir une puissance obstinée qui peut avoir une arrière-pensée? comment y assujétir celle qui est l'auteur de l'équivoque, et qui a probablement eu ses vues en l'employant? comment, enfin, le faible pourra-t-il avoir raison du plus fort? sans compter la répugnance qu'un gouvernement peut avoir de désavouer un négociateur auquel il croit devoir des ménagemens. Disons donc que, si la justice et la saine raison ne servent pas de guides pour l'interprétation des traités; que, si la partie qui prétend et qui peut en abuser se refuse à toute conciliation, il faudra sans doute ou céder, ou recourir à la voie funeste et extrême des armes.

§ 3.

Quoi qu'il en soit, et comme il faut supposer que l'on cherchera de bonne foi, de part

---

[*] Voy. Grotius, *Droit de la Guerre*, etc., liv. II, chap. xvi.— Puffendorff, *Droit de la Nature*, liv. V, chap. xii.

et d'autre, à interpréter un traité, il est nécessaire de connaître au moins les règles générales établies sur cette matière. Ces règles
sont à peu près les mêmes que celles que l'on
suit pour les lois et les transactions particulières. Nous allons indiquer les principales.
Première règle : Lorsqu'il y a amphibologie
ou équivoque, il faut prendre les phrases et
les mots dans leur signification commune et
ordinaire, et non dans celles que peuvent
leur donner les savans ou les grammairiens.
Deuxième règle : Au défaut de sens clair et
déterminé, il faut avoir recours à la présomption : il faut chercher quelle a pu être raison-
nablement l'intention de celui qui concède
une chose, ou contracte une obligation *.
Troisième règle : Lorsqu'on veut la fin, on
doit vouloir aussi les moyens. *Quatrième
règle :* Les choses favorables doivent être
étendues : les choses odieuses doivent être
restreintes (45). *Cinquième règle :* A défaut de
tout autre moyen, l'interprétation doit être
faite contre celui qui donne, parce qu'il est
censé avoir donné sans restriction tout ce que
comporte la nature de la chose donnée (46).

---

* Voy. Grotius, liv. II, chap. xii.

Sixième règle: Toute interprétation trop sub-
tile doit être évitée, parce qu'elle s'écarte de
la nature des choses et de l'intention probable des négociateurs (47).

CHAPITRE XXV.

De l'observation des traités.

§ Ier.

La tranquillité des nations dépend de la fidèle
observation des traités de paix. On peut juger
par là combien est coupable celui qui ne
craint pas de les violer. Cet objet est d'une
telle importance que l'on a établi comme une
maxime certaine et générale, qu'il n'y a aucune lésion dans un traité de paix, parce qu'il
est censé conclu avec une pleine liberté. Sans
cette maxime, aucun traité ne serait stable;
la paix serait toujours incertaine et précaire,
parce qu'en général il n'y a point de traité de
paix où il n'y ait une partie souffrante.

§ 2.

Cependant la maxime qui vient d'être rapportée n'exclut point toute espèce d'exception. Si un vainqueur, abusant de ses succès, impose au vaincu des conditions tellement humiliantes qu'elles le dégradent, ou tellement rigoureuses qu'elles détruisent en quelque sorte son existence politique; ou enfin, s'il exige de lui des choses qui blessent son honneur, ou qui soient contraires à l'humanité, rien ne peut obliger ce dernier à remplir ses engagemens, rien ne peut l'empêcher de saisir une occasion favorable pour s'en affranchir. Le vainqueur ne doit jamais oublier que les nations sont indépendantes; qu'elles ont toutes leurs intérêts, leur dignité, leur honneur à défendre; que, si elles ont des querelles à vider, la réparation doit être proportionnée à l'injure et ne saurait l'excéder : enfin, que, si la tranquillité publique exige que les engagemens soient sacrés, elle n'exige pas moins que ces mêmes engagemens soient fondés sur des principes que la justice et l'équité puissent avouer : enfin, le conquérant qui impose la loi doit bien se convaincre que l'ennemi de la paix n'est pas celui qui cherche à sauver son honneur, mais bien celui qui prétend le ravir à son adversaire. C'est d'après ces mêmes principes que l'envoyé des Privernates dit en plein sénat : *si bonam dederitis, et fidam et perpetuam : si malam, haud diuturnam.* Il est de prétendus politiques qui, étrangers aux affaires, et réglant le sort des nations d'après leurs théories imaginaires, pensent qu'un gouvernement doit vouloir tout ce qu'il peut, et qui blâment à tort et à travers les ministres qui ne suivent pas cette sublime maxime : malheur aux souverains qui admettraient de pareils hommes dans leurs conseils !

CHAPITRE XXVI.

De la non exécution des traités de paix.

§ Ier.

On rompt un traité de paix récemment conclu : 1° en n'exécutant pas ses stipulations, soit en tout ou en partie, lorsqu'aucun empêchement ne s'y oppose ; 2° en réclamant contre ces mêmes stipulations après les avoir exécutées, et en prenant les armes pour s'en dégager; 3° en agissant directement contre l'esprit et l'essence du traité. Dans ces trois cas, le traité est considéré comme non avenu.

§ 2.

Mais, hors ces cas, s'il survient une rupture, il résulte une nouvelle guerre, et cette remarque est importante; car lorsqu'un traité est rompu de la manière indiquée au paragraphe précédent, les parties contractantes se retrouvent dans le même état où elles étaient avant le traité, et les droits qui en étaient résultés sont regardés comme non existans. Il n'en est pas de même s'il survient une nouvelle guerre; car le traité de paix qui l'a précédée demeure intact quant à ses effets; il continue à servir de titre pour les objets qui ont été cédés; et celui qui en avait fait la cession ne peut plus y acquérir de droits que par la voie de la conquête et par un nouveau traité (48).

§ 3.

Si les actions des sujets sont contraires à un traité de paix, elles ne le rompent point, mais elles autorisent à demander la punition des coupables et la réparation des dommages qu'ils ont causés. Un refus injuste serait un indice manifeste que le souverain approuve leur conduite, et qu'il épouse leur cause : dans ce cas, il se rend personnellement responsable, et se constitue l'auteur soit des représailles, soit de la rupture que peut entraîner son refus.

FIN DU LIVRE TROISIÈME.

NOTES

DU

LIVRE TROISIÈME.

---

(1) « C'est une chose certaine, dit GROTIUS, qu'au-
« tant il y a de sources d'actions judiciaires, autant il y
« a de causes qui peuvent allumer la guerre; car là où
« il faut l'intervention du juge, là commence la guerre.
« Quelques uns admettent trois justes causes de faire
« la guerre: la défense, le recouvrement de ce qui nous
« est dû, et la punition. » GROTIUS (*Droit de la guerre et
de la paix*, liv. II, chap. 1.)

(2) Entre nations, comme entre particuliers, on est
injuste de deux manières : 1° en agissant contre le principe de propre conservation; 2° en violant un engagement formel. On est encore injuste entre nations lorsqu'on manque aux usages généralement reçus qui constituent le droit *usuel* ou *coutumier*.

Le premier cas existe lorsqu'une nation enlève ou cherche à enlever à une autre une portion de ses domaines; lorsqu'elle viole son territoire; lorsqu'elle froisse son indépendance; lorsque, de son autorité privée, elle se mêle de son régime intérieur; lorsque, dans un temps de disette, elle refuse des subsistances, pouvant en fournir sans se nuire à elle-même, ou lorsqu'elle interdit le passage pour celles que l'on pourrait tirer d'ailleurs.

Quant aux usages généralement reçus, ils sont obligatoires pour toute nation qui ne veut point demeurer isolée. Parmi ces usages on compte le respect dû à l'honneur, à la réputation, à la dignité d'un souverain; de plus la sûreté et l'inviolabilité des ambassadeurs et ministres publics. Tite-Live explique en peu de mots ce que c'est qu'une guerre juste : *Justum est bellum quibus est necessarium, et pia arma quibus nulla nisi in armis relinquitur spes.* (Disc. de Pontius, roi des Samnites, liv. IX, chap. x.)

Une des plus graves injures (et dans le langage politique le mot injure désigne toute espèce d'offense) qu'une nation puisse faire à une autre, c'est d'exciter chez elle des troubles intérieurs; et certes on ne saurait manquer plus ouvertement aux premiers principes du droit des gens qu'en provoquant des insurrections dans un pays et en y soutenant des rebelles. Mais ici s'élève la question de savoir jusqu'à quel point des sujets peuvent être considérés comme rebelles; par conséquent quand il est permis ou défendu à une puissance étrangère, en temps de paix, d'embrasser leur cause sans violer les principes du droit des gens. Nous ne nous permettrons point d'entrer dans une discussion aussi délicate et aussi dépendante des circonstances ; nous nous bornerons, pour mettre le lecteur à portée de se former lui-même une opinion à cet égard, de citer trois événemens mémorables de l'histoire moderne.

Le premier est l'indépendance des Provinces-Unies des Pays-Bas. En voici le précis : la tyrannie de l'Espagne ayant porté au désespoir les Flamands, ils conclurent entre eux, en 1556, la *pacification de Gand* pour la défense de leur liberté et de la religion protestante. Dès lors Élisabeth, reine d'Angleterre, se lia avec eux par un traité secret, et s'engagea à leur fournir des troupes, des munitions et de l'argent. Le roi d'Espagne, Philippe II, s'en étant plaint, Élisabeth lui fit remettre une longue déduction renfermant des protestations d'amitié, et le désir de maintenir la bonne harmonie subsistante entre les deux monarchies. Cette princesse se défendit aussi contre le reproche qu'on lui faisait de fomenter la rébellion des Pays-Bas, et elle ajouta qu'en fournissant aux confédérés des secours d'hommes et d'argent, sa politique avait un double objet, celui d'empêcher les insurgens, réduits au désespoir, de se donner à une puissance étrangère ; l'autre de prévenir l'assujétissement absolu des Pays-Bas espagnols, événement qui pourrait avoir des suites funestes pour l'Angleterre. Par un nouveau traité du 7 janvier 1578, Élisabeth promit de nouveaux secours aux confédérés, à condition qu'ils ne feraient pas la paix avec *leur roi catholique* sans y comprendre cette princesse. Enfin, les confédérés déclarèrent leur indépendance en 1585; cette démarche fut promptement suivie d'une nouvelle alliance offensive : les Hollandais alléguèrent dans leurs pouvoirs qu'ils avaient entièrement secoué le joug de l'Espagne, *et qu'ils s'étaient déclarés libres et indépendans de sa souveraineté.* A la suite de ce traité, Élisabeth publia un manifeste, où elle exposa en détail les motifs de sa conduite; et ni ce manifeste ni le traité ne causèrent de rupture entre les deux cours; les ambassadeurs respectifs ne furent pas rappelés.

Henri IV, roi de France, d'intelligence avec Élisabeth, intervint aussi dans la querelle : on peut voir le détail des principes et de la conduite de ce monarque dans les négociations de MM. de Sillery et Jeannin. L'assistance de la France et de l'Angleterre fit prospérer la cause des confédérés : l'indépendance des sept provinces bataves fut consolidée en 1648, par le traité de Munster; les provinces belgiques demeurèrent sous la souveraineté espagnole, mais en conservant leurs immunités.

Le second événement est celui de la guerre, dite de trente ans. Elle fut provoquée, d'un côté, par l'ambition de la maison d'Autriche, par sa prépotence, et surtout par la protection qu'elle accordait aux catholiques; de l'autre, par les progrès du luthéranisme, par les prétentions et par les envahissemens que firent les états de cette nouvelle secte. L'incendie commença en Bohême :

des actes arbitraires de l'empereur Ferdinand II étendirent bientôt la guerre civile dans toute l'Allemagne. Le roi de Suède intervint dans la querelle; la France imita son exemple, et elle fut terminée par le fameux traité de Westphalie, qui est le code de la liberté germanique. Il est constant que si la maison d'Autriche eût triomphé, elle aurait asservi l'Allemagne, ou au moins rendu très précaire la liberté de l'Europe. C'est d'après cette considération, dont l'histoire atteste la vérité, qu'il faut juger la conduite de la Suède, et surtout celle de la France, qui depuis bien long-temps était dans une rivalité constante avec la maison d'Autriche, qui en même temps qu'elle régnait en Allemagne, possédait la monarchie espagnole.

Le troisième événement, le plus récent et le plus mémorable, est la révolution de l'Amérique septentrionale. Les colonies anglaises avaient des chartes particulières, et elles jouissaient d'une grande liberté civile et politique. Le gouvernement anglais fit des infractions successives à leurs priviléges et à leur indépendance du parlement britannique. Les Américains firent des tentatives infructueuses pour le maintien de leurs chartes : lassés enfin de ne recevoir que des refus, et voyant le ministère anglais faire des dispositions pour les soumettre, ils se réunirent, formèrent un conseil, et prirent la résolution de persister dans leurs réclamations. La cour de Londres envoya des troupes pour agir de vive force; mais les Américains ne se laissant point intimider, les hostilités

commencèrent par des voies de fait de la part des troupes
royales : ce fut le signal de la guerre civile. Les Américains luttèrent pendant deux années entières, jusqu'à ce
qu'enfin, n'ayant plus d'espoir de conciliation, ils se déclarèrent indépendans le 4 juillet 1776.

Jusqu'alors le cabinet de Versailles n'avait absolument
pris aucune part, soit directe, soit indirecte à la querelle.
Les Américains avaient bien des commissaires en France;
mais ceux-ci n'avaient aucun rapport avec le gouvernement : ils s'occupaient uniquement à procurer à leur pays,
par la voie du commerce, des armes, des munitions et
des habillemens. Ils cherchèrent bien à intéresser le ministère à la cause de leur pays, et lui proposèrent, outre
un traité d'amitié et de commerce, une alliance offensive
et défensive. On leur répondit que le roi pouvait bien,
d'après les événemens, regarder leur indépendance comme
existante de fait, mais qu'il ne lui appartenait pas de la
reconnaître, parce qu'il n'avait point le droit de la
juger; qu'il ne pouvait point davantage la garantir, parce
qu'il ne voulait point faire la guerre pour la soutenir.
Pour lever les difficultés, les Américains produisirent une
expédition authentique de l'acte d'indépendance; et peu
de temps après on reçut la nouvelle que le général Bour-
goyne avait été battu et pris près de Saratoga.

Alors seulement le gouvernement français, fatigué des
vexations contraires au droit des gens et aux traités que
le commerce français éprouvait, non seulement dans les
mers d'Amérique et en Europe, mais aussi sur les côtes

même de France, réfléchit enfin sérieusement sur les ouvertures et sur la position des Américains. D'un côté, il voyait leur indépendance légalement et irrévocablement établie; de l'autre, il avait la preuve que le ministre anglais cherchait secrètement à traiter avec eux, en leur proposant l'indépendance avec une coalition contre la France. Ces circonstances jointes à des dénis de justice invariablement soutenus fixèrent enfin l'irrésolution de la France: elle entra en négociation avec les commissaires américains, et signa avec eux, le 6 février 1778, un traité d'amitié et de commerce, et une alliance défensive éventuelle. Le traité de commerce seul fut notifié à la cour de Londres, parce que l'alliance devait dépendre de la conduite que cette cour jugerait à propos de tenir : elle se détermina à une rupture et à la guerre. Tout le monde sait que cette guerre fut terminée par le traité de paix signé en 1783, et que l'indépendance américaine fut reconnue solennellement par le gouvernement britannique.

Il est important d'observer que dans la déclaration que l'ambassadeur de France remit au ministère anglais le 13 mars 1778, on trouve ces mots remarquables : *Les États-Unis de l'Amérique septentrionale, qui sont en pleine possession de l'indépendance prononcée par leur acte du 4 juillet 1776, ayant fait proposer au roi de consolider par une convention formelle les liaisons qui ont commencé à s'établir entre les deux nations, les plénipotentiaires respectifs ont signé un traité d'amitié et de com-*

merce, destiné à servir de base à la bonne correspondance mutuelle.

Le principe posé dans cette note, ainsi que les autres circonstances qui ont influé sur la détermination du cabinet de Versailles, sont développés dans un mémoire ayant pour titre : *Observations sur le mémoire justificatif de la cour de Londres.* (*Paris, Impr. royale,* 1780.)

On a prétendu que le ministère français avait préparé de longue main la révolution américaine ; mais il n'existe aucune trace de la plus légère démarche faite dans cette vue ; et il est constant que, sans la manière imprudente et vexatoire dont l'Angleterre s'est conduite à l'égard du commerce français, le cabinet de Versailles n'aurait pris aucune part à la révolution américaine : il y a été forcé pour le soutien de sa dignité, de son honneur et de son commerce : le lecteur jugera s'il y a été autorisé par les principes généralement reconnus du droit des gens.

On peut demander s'il est permis de fomenter des insurrections et la guerre civile chez un ennemi déclaré. Si, comme le pensent quelques auteurs, tout est permis vis-à-vis de son ennemi ; si le mal qu'on est autorisé à lui faire, n'a d'autres bornes que l'impuissance, il est constant qu'on peut exciter chez lui les insurrections, la guerre civile, qu'on peut même détruire son gouvernement. Mais loin d'admettre une pareille doctrine, nous la combattons comme excédant les bornes que la saine raison pose au droit extrême de faire la guerre, droit qui a et ne peut avoir pour base et pour objet que la propre conservation, et l'obtention d'une satisfaction proportionnée au tort dont on poursuit le redressement (*chap. V*). Si, en provoquant la guerre civile en pays ennemi, le résultat se bornait simplement à la satisfaction inutilement demandée, sans doute cette voie pourrait être considérée comme légitime : mais il est à peu près impossible que les choses demeurent dans cette mesure ; car les maux que cause la guerre civile se prolongent fort au-delà de la paix, et en fin de cause elle peut produire ou la dissolution du gouvernement, ou le despotisme, quelquefois la tyrannie : or, ni l'une ni l'autre de ces révolutions n'a de rapport avec l'objet de la guerre ; elles ne peuvent donc point entrer dans ses moyens. D'ailleurs, si la guerre civile était admise comme un moyen ordinaire de poursuivre une nation ennemie, conçoit-on où il pourrait conduire l'agresseur lui-même ? Il devra craindre les représailles qu'il aura lui-même provoquées ; ainsi deux puissances ennemies, au lieu de se faire une guerre franche et loyale, auraient de part et d'autre des troubles intestins, la guerre civile à combattre ; leurs états respectifs éprouveraient des secousses dont les suites seraient incalculables. Nous avons à cet égard un exemple bien récent et bien digne d'éclairer les conducteurs des nations. Le gouvernement anglais a fomenté des troubles dans l'ouest de la France, et a salarié et soutenu les insurgés ; le gouvernement français, de son côté, a suivi la même marche en Irlande, et même en Angleterre. Tout le monde connaît

les dépenses et les dangers auxquels les deux pays ont
été exposés : ils se sont fait la guerre à outrance, sans
qu'on ait jamais pu en bien déterminer l'objet ; et si de
part et d'autre les insurrections eussent réussi, les deux
gouvernemens auraient été renversés.

Au surplus, si l'obstination s'empare d'un des deux
belligérans ; si aucune considération ne peut l'amener à
des sentimens pacifiques ; si enfin il veut faire une guerre
de frénésie et d'extermination, il est un fléau, il est l'ennemi du genre humain ; et tous les moyens sont légitimes,
non seulement pour le forcer à la paix, mais même pour
délivrer de l'oppression sa propre nation, qu'il dépeuple
et qu'il ruine.

(3) « C'est pour cette raison que les Scythes, suppo-
« sant qu'Alexandre faisait la guerre sans cause aux
« Perses et aux autres nations, l'appelèrent un voleur ;
« c'est sur ce même fondement que SÉNÈQUE l'appelle du
« même nom, et LUCAIN un brigand ; que les sages d'en-
« tre les Indiens le nommèrent un scélérat, et qu'un jour
« un pirate lui soutint en face, qu'ils étaient aussi cou-
« pables l'un que l'autre. » (GROTIUS, *du Droit de la guerre
et de la paix*, liv. II, chap. 1, § 1.)

Voici ce que dit SÉNÈQUE (épit. X, chap. VI). « Nous
« arrêtons, disons-nous, les homicides et les meurtres
« particuliers ; pourquoi n'arrêtons-nous donc pas aussi
« la guerre, ce crime dont nous nous faisons tant de gloire
« en détruisant des nations entières? L'avarice et la cruauté
« ne peuvent s'assouvir ; on commet des crimes en vertu

« des arrêts du sénat et des résolutions du peuple :
« on ordonne en public ce que l'on défend en parti-
« culier. »

Nous ne finirions pas si nous voulions citer ce que
disent sur cette matière les auteurs tant anciens que modernes : je me contenterai de rapporter à cet égard ce
que dit Montesquieu. « Le droit de la guerre dérive de la
« nécessité et du droit rigide. Si ceux qui dirigent la con-
« science ou les conseils des princes, ne s'en tiennent pas
« là, tout est perdu ; et lorsqu'on se tiendra sur des prin-
« cipes arbitraires, de gloire, de bienséance, d'utilité,
« des flots de sang inonderont la terre. » (Liv. X,
chap. xi.)

A ces témoignages j'ajouterai celui de Bodin : « Si
« une société civile est heureuse lorsque dans une répu-
« blique le prince obéit aux lois de la justice et de l'état,
« le magistrat aux lois du prince, le citoyen au comman-
« dement du magistrat, le fils au père, le domestique à
« son maître ; et lorsque l'humanité et la concorde lient
« entre eux les sujets, on doit dire que la guerre, géné-
« ralement destructeur de cet ordre, est le fléau du bon-
« heur. Rien ne contraste autant l'homme paisible que
« le guerrier ; le philosophe que le capitaine, le labou-
« reur que le soldat, les sages que les fous. »

« Si la guerre est un mal si pernicieux, on ne doit
« l'entreprendre que pour éviter un mal plus grand que
« la guerre : c'est là la mesure que le prince doit toujours
« avoir devant les yeux. Ceux qui aiment la guerre, res-

« semblent à ces insectes qui ne peuvent se tenir sur le
« poli d'une glace, et qui cherchent une surface rabo-
« teuse; ils sont dans un tourment continuel, parce
« qu'ils ne mettent point de bornes au désir des biens, ou
« d'une gloire de préjugé : c'est là le cœur de l'homme. »
(*De la Républ.*, liv. V, chap. XII.)

(4) Deux guerres mémorables ont eu l'équilibre pour
motif ou au moins pour prétexte, savoir celles de 1700
et de 1740. Lors de la première on craignait l'accroissement de la puissance française ; mais l'archiduc Charles,
concurrent de Philippe d'Anjou, étant devenu l'héritier
de tous les domaines de la maison d'Autriche, et ayant
été placé sur le trône impérial, la crainte se porta sur
lui, et détermina la paix d'Utrecht. La jatte d'eau ima-
ginée par Voltaire comme cause de cette paix, est une
puérilité.

La guerre de 1740 a eu pour objet l'affaiblissement
de la puissance autrichienne ; mais ses pertes se réduisi-
rent à celle de la Silésie : toutefois l'acquisition de cette
province éleva la Prusse et l'établit la rivale de l'Autriche.

Nous pouvons ajouter que c'est par une suite du système d'équilibre que la politique française a constamment
favorisé l'incohérente constitution de l'empire germanique. D'autres principes l'ont fait disparaître. On peut
donc dire que la politique moderne, sans approfondir
tout autre motif, a considéré l'équilibre comme une raison suffisante pour légitimer la guerre.

(5) Grotius fait une distinction entre les raisons *justificatives* de la guerre, et les *motifs* qui y donnent lieu : les raisons justificatives ont pour fondement un déni de justice ou une injure, en un mot, la violation des principes du droit des gens : les motifs sont les vues secrètes qui déterminent une puissance à poursuivre la satisfaction les armes à la main.

Le droit des gens ne connaît et n'avoue que les *raisons justificatives*, qu'il appelle également *motifs*, *causes* ou *sujets* : quant à ce que Grotius nomme particulièrement *motifs*, ils appartiennent à la politique. Il n'arrive que trop fréquemment que les raisons justificatives, quoique bien fondées, ne servent que de prétexte, et que la guerre est entreprise pour des motifs qui leur sont tout-à-fait étrangers. Les raisons justificatives d'Alexandre pour faire la guerre à Darius étaient puisées dans l'inimitié qui subsistait depuis long-temps entre les Perses et les Grecs; mais le motif secret du roi de Macédoine était de satisfaire son ardeur guerrière et son désir de faire des conquêtes. La plupart des guerres entreprises par les Romains étaient fondées sur les mêmes motifs. C'est l'ambition qui dans les temps modernes a entretenu l'état de rivalité et de guerre entre la France et la Grande-Bretagne, de même qu'entre la France et l'Autriche : pour s'en convaincre, on n'a qu'à lire l'histoire des guerres relatives à la succession d'Espagne, et à celle de l'empereur Charles VI; de celles qui éclatèrent en 1755 et en 1778. La première eut pour *raisons justificatives* les prétendus droits de Charles VI à la couronne d'Espagne, et pour *motifs secrets*, d'empêcher l'accroissement de la puissance française. La deuxième était fondée ostensiblement sur les droits de l'impératrice Marie-Thérèse; mais le motif politique de l'Angleterre était de maintenir l'équilibre sur le continent, afin de diviser l'attention et les ressources de la France : cette dernière puissance, de son côté, croyait avoir trouvé, en favorisant l'électeur de Bavière, une occasion favorable d'abaisser la maison d'Autriche. La troisième fut présentée par la Grande-Bretagne, comme ayant pour objet d'obtenir satisfaction pour quelques voies de fait commises au Canada; mais cette puissance croyait la France hors d'état de faire la guerre sur mer, et jugeait le moment favorable pour détruire sa puissance navale.

Quant à la guerre qui éclata en 1778, il est constant que l'Angleterre l'avait provoquée par les vexations qu'elle faisait éprouver à la navigation française; mais le cabinet de Versailles ne se détermina pas par ce seul motif à s'unir avec les Américains : outre les *motifs justificatifs*, il avait un motif secret; savoir, la diminution de la puissance de l'Angleterre, par la perte de ses colonies; et la réparation d'une partie des sacrifices arrachés par la paix de 1763.

Les déclarations décrétées et publiées par l'assemblée nationale de France depuis 1792, fourniraient ample matière à éclaircir le point que nous traitons; mais les suites sont trop connues, et en même temps trop récenles, pour que nous entreprenions de les développer : nous nous bornerons donc à faire observer que les premières déclarations de guerre avaient pour motif ostensible, pour raison justificative, la liberté et l'indépendance française, menacées par la conjuration de toutes les puissances de l'Europe; mais alors le principal motif secret était de compromettre Louis XVI avec toutes ces puissances, avec qui on l'accusait de s'être coalisé contre la nation : ni les événemens, soit politiques, soit militaires, ni les résultats qui ont suivi ce premier pas, ne sont de notre ressort.

(6) Les hostilités qui éclatèrent entre le France et l'Angleterre en 1778, ne furent ni précédées, ni suivies d'une déclaration de guerre : les deux puissances se bornèrent à publier des manifestes expositifs de leurs griefs respectifs, et des motifs qui les avaient déterminées à la guerre. La cause qui a fait omettre cette formalité de part et d'autre a été que chacune des deux puissances accusait l'autre d'être l'agresseur : la cour de Londres trouvait l'agression dans une note remise par l'ambassadeur de France, en mars 1778; et la cour de Versailles la mettait dans le combat qui eut lieu entre quelques frégates au mois de juillet de la même année. Il a résulté de cette contrariété d'opinions beaucoup d'embarras pour le jugement des prises, et des embarras de cette nature produisent nécessairement des injustices particulières.

(7) Voyez VATTEL, *Droit des gens*, part. 2ᵉ, liv. III, chap. IV.

(8) Il est des auteurs (entre autres VATTEL) qui prétendent qu'on peut, même avant la déclaration de guerre, s'établir dans le pays ennemi, mais sans y commettre ni violence ni hostilité : ils pensent que dans ce cas l'ennemi ne saurait invoquer l'indépendance de son territoire, parce qu'il a été lui-même la cause volontaire de l'invasion. Mais cette doctrine paraît contraire aux premiers principes du droit des gens, et aux procédés qui doivent précéder une rupture ; d'ailleurs elle établit d'une manière dangereuse le droit de se procurer justice à soi-même ; elle porte les nations puissantes à croire qu'elles peuvent user de précipitation vis à vis d'une nation faible ; en un mot, elle autorise une nation à commettre une voie de fait, un acte hostile, avant que d'avoir annoncé que telle est son intention ; car c'est un acte hostile bien caractérisé que de violer le territoire d'une nation indépendante ; c'est de plus un acte de perfidie ; et les malheurs de la guerre sont déjà assez grands par eux-mêmes pour qu'on ne les augmente pas par des démarches arbitraires.

(9) Les opinions sur les ruses et stratagèmes étaient partagées chez les anciens. Voici ce que dit POLYBE (lib. XV), en parlant des Achéens : ils avaient tant d'horreur pour les machinations et le vol, qu'ils ne voulaient point vaincre leurs ennemis par la fraude, étant d'opinion qu'une victoire ne saurait être ni glorieuse ni solide, à moins qu'on n'ait combattu à découvert, qu'on n'ait prévenu, et qu'on n'ait abattu le courage même de l'ennemi. EURIPIDE dit qu'aucun homme qui a l'âme élevée ne doit tuer

son ennemi à la sourdine. TACITE est aussi de cet avis : *nec fraude, neque occultis mediis, sed palam et armatum hostes suos ulcisci.*

A ces auteurs on pourrait en opposer plusieurs : voici ce que dit PLUTARQUE: Quoique très belliqueux, les Spartiates estimaient plus digne de l'homme un succès dû au jugement et à l'esprit, que celui qui était le fruit de la force et de la violence. C'est pour cela que, lorsqu'un de leurs chefs obtenait un avantage, si c'était par ruse ou par adresse, ils immolaient un bœuf; et un coq, si c'était par la seule force des armes.

(10) Cette question est de la plus haute importance, parce qu'elle influe essentiellement sur la manière de faire la guerre. Une troupe, serrée par l'ennemi et se voyant hors d'état de lui résister, capitule, se rend prisonnière et rachète par là sa vie au prix de sa liberté. Si ce pacte n'est pas fidèlement exécuté, le vainqueur mettra à mort les soldats vaincus, et ceux-ci de leur côté, sûrs de périr, se laisseront exterminer plutôt que de se rendre. Ainsi il se fera de part et d'autre un carnage effroyable et inutile. Il convient au vainqueur comme au vaincu de le prévenir, et le seul moyen pour cela est la fidèle observation des capitulations. Elle ôte aux soldats prisonniers, conduits sous escorte, la faculté de se soulever. Ce principe concerne les gens de mer comme les troupes de terre. Ainsi si un vaisseau a été forcé de se rendre, l'équipage est à la disposition de l'ennemi, et il ne peut faire aucune tentative pour se mettre en liberté. Le résultat de la pratique contraire serait que le vaisseau vain-

queur, au lieu d'accorder une capitulation, coulerait bas le vaisseau ennemi, quoique mis hors de combat, ou bien, voulant le conserver, il passerait tout l'équipage au fil de l'épée.

(11) Il faut voir toutes les autorités que rapporte à cet égard GROTIUS (*Droit de la guerre et de la paix*, liv. III, chap. XI, § 13.)

(12) On ne saurait se rappeler de sang-froid l'ordre donné par la convention nationale de France, de ne point faire de prisonniers anglais, mais de les mettre tous à mort : des généraux refusèrent d'obéir à un ordre aussi atroce, et il fallut le révoquer. Voici ce que dit MONTESQUIEU sur cette matière : « Les auteurs de notre droit « public, fondés sur les histoires anciennes, étant sortis « des cas rigides, sont tombés dans de grandes erreurs. « Ils ont donné dans l'arbitraire, ils ont supposé dans les « conquérans un droit, je ne sais quel, de tuer; ce qui « leur a fait tirer des conséquences terribles comme le « principe, et établir des maximes que les conquérans « eux-mêmes, lorsqu'ils ont eu le moindre sens, n'ont ja- « mais prises. Il est clair que lorsque la conquête est faite, « le conquérant n'a plus le droit de tuer, puisqu'il n'est « plus dans le cas de la défense naturelle et de sa propre « conservation. » (Liv. X, chap. III.)

(13) GROTIUS (liv. III, chap. VII, § 1 et suiv.) est d'une opinion contraire : il l'a puisée dans les jurisconsultes romains; mais il n'a pas pris garde que chez les Romains, comme à peu près chez tous les peuples anciens, l'esclavage existait à côté de la liberté. Or, chez

les nations où l'esclavage était autorisé par les lois, il
était naturel qu'on pensât pouvoir y assujétir également
les prisonniers; et l'on peut dire, en général, que ceux-ci
sont obligés de se soumettre aux usages établis chez le
vainqueur qui les a en sa puissance, et qu'ils ne sauraient
s'en plaindre comme d'un acte d'injustice ou de violence,
parce qu'ils étaient censés avoir connu le sort qui les attendait dans le cas où ils seraient pris.

Mais aujourd'hui la servitude n'existe presque plus
nulle part en Europe; et dans les pays où elle n'est pas
encore abolie, c'est-à-dire en Russie et chez les Otto-
mans, on en use à l'égard des prisonniers à peu près
comme dans les autres contrées européennes. En général,
les prisonniers ne sont plus regardés que comme une espèce de dépôt que l'on retient pour diminuer les forces
de l'ennemi, et que l'on rend soit par échange ou sur parole, ou pour une rançon, ou au moins à la paix. Il faut
convenir que les gouvernemens modernes connaissent
mieux, ou du moins suivent davantage, sur cette matière, les lois de l'humanité, que ne faisaient les peuples
anciens : c'est que les philosophes anciens s'occupaient
plus des vertus morales de l'homme que de ses droits
naturels; tandis que les philosophes modernes se sont
occupés des droits et de la dignité de l'homme plus que
de ses vertus. Sans doute nous devrions de grands éloges
à ceux-ci, s'ils n'eussent pas exagéré leur destinée; s'ils
n'eussent pas transporté les hommes dans la région des
chimères; si, à force de leur parler de leurs droits natu-

rels, imprescriptibles, ils n'eussent pas anéanti le sentiment de leurs devoirs; si, en un mot, ils n'eussent pas rendu l'art de régner à peu près impossible sans plus ou moins de sévérité.

Au surplus nous ne pouvons nous dispenser de faire remarquer que Grotius traite la question des prisonniers sans poser aucun principe fondamental pour étayer sa doctrine, et qu'il se contente de citer des faits et des opinions d'auteurs anciens. Ce n'est pas ainsi que doivent se traiter les questions relatives aux droits des nations. Ils ont une source primitive, et c'est à cette source que tout doit être ramené; et certes on ne trouvera point qu'un homme de guerre, par cela seul qu'il est fait prisonnier, peut être réduit en servitude. Je sais bien qu'on peut m'objecter que je suis le maître absolu de celui dont l'intention est de me tuer, et que la loi du talion m'autorise à le traiter comme il prétendait me traiter : mais ce principe est condamné même par le droit naturel. Selon ce droit si un homme a le dessein de me tuer, mon premier droit est de l'en empêcher, et ce n'est que dans le cas où je ne le pourrais pas que celui de détruire sa personne devient légitime. Les usages des peuples peuvent être contraires à ce principe, mais ils ne sauraient le détruire, et les nations modernes lui ont plus ou moins rendu hommage.

(14) Tous les auteurs citent ce beau mot de Scipion à Mandanius, rapporté par Tite-Live : *Nec ab inermi sed ab armato hoste pœnas expetiturum.* (Lib. XXVIII, cap. XXXVI.)

(15) La loi de nature n'admet le talion que contre celui-là seul qui a péché. (Grotius, *Droit de la guerre*, liv. III, chap. 11, § 16, n° 2.)

C'est par cette raison qu'un otage enlevé de force ne répond de rien : mais donné par le souverain pour la garantie de la vie de personnes laissées sous la sauvegarde de sa loyauté, le souverain comme l'otage connaissent les engagemens qu'ils contractent ; ils savent que la solidarité existe de la part du dernier. Ce principe, dira-t-on, est bien cruel : sans doute il l'est, et tout l'est dans la guerre ; mais enfin il est, il doit du moins être un remède salutaire contre la perfidie.

(16) Cette question a été agitée entre la France et l'Angleterre en 1748. Les opinions ont été partagées de part et d'autre : la France, sans en articuler une, s'est bornée à réclamer la réciprocité. (*Voyez Code de Prises*, *Imp. roy.*, 1784, p. 65).

(17) Les contributions levées en pays ennemis doivent être considérées comme faisant partie de la satisfaction due au souverain qui a été forcé de prendre les armes ; mais, d'un côté, elles doivent avoir des bornes, parce que le pays occupé n'est point une propriété, mais un simple dépôt ; de l'autre, elles doivent être employées au paiement des frais de la guerre, par conséquent au soulagement du peuple qui les fournit : tout autre emploi est condamné ; il est une véritable spoliation. Je sais bien que cette doctrine n'est guère à la mode ; que les exactions qu'on fait en pays ennemi sont considérées comme

des revenant-bons qui ne tournent jamais au profit des
sujets; que jamais dans les guerres les plus heureuses on
n'a diminué les contributions en proportion de celles levées en pays ennemi ; mais quelle conséquence tirer de
là ? Dira-t-on que la pratique doit servir de règles, et
qu'en matière de guerre les principes de justice doivent
être relégués dans l'empire des chimères? — Soit; —
mais, dans ce cas, dites aussi que les peuples ne sont
qu'une troupe d'esclaves, et que l'univers entier est la
propriété exclusive des souverains.

(18) WOLF (*jus gentium*, § 7, 30 et 736) soutient mon
opinion. VATTEL soutient une opinion contraire. (*Droit
des gens*, liv. III, chap. VI, § 101.) Voici ses termes :
« Mais si une alliance défensive n'a point été faite parti-
« culièrement contre moi, ni conclue dans le temps que
« je me préparais ouvertement à la guerre, ou que je l'a-
« vais déjà commencée, et si les alliés y ont simplement
« stipulé que chacun d'eux fournira un secours déterminé
« à celui qui sera attaqué, je ne puis exiger qu'ils man-
« quent à un traité solennel, et que l'on a sans doute
« pu conclure sans me faire injure : les secours qu'ils
« fournissent à mon ennemi sont une dette qu'ils paient;
« ils ne me font point injure en l'acquittant, et par con-
« séquent ils ne me donnent aucun juste sujet de guerre.
« Je ne puis pas dire non plus que ma sûreté m'oblige à
« les attaquer; car je ne ferai par là qu'augmenter le
« nombre de mes ennemis, et m'attirer toutes les forces
« de ces nations sur les bras, au lieu des secours indi-

« qués qu'elle donne contre moi. Les auxiliaires seuls
« sont donc mes ennemis : ceux-là sont joints à mes en-
« nemis, et combattent contre moi. »

VATTEL consulte plus la prudence politique que la rigueur des principes du Droit des gens. Selon ces principes, quiconque me nuit, n'importe de quelle manière,
est mon ennemi : reste à voir s'il me convient de le traiter comme tel, ou de supporter en silence le mal qu'il
me fait. Souvent ce dernier parti est le plus sage, et il
ne peut être un devoir que dans ce sens.

(19) Le prince Eugène s'empara de Chiari, ville appartenant aux Vénitiens, sans se mettre en peine de leurs
protestations et de leurs plaintes ; il y fut obligé pour résister à ses ennemis, qui étaient supérieurs en force.
(Voyez *Trattato delle violenze publiche e private di Mu-
rena , pag.* 3.)

(20) Les Grecs comme les Romains respectaient scrupuleusement les droits des nations neutres. On en peut
voir de nombreux exemples dans GROTIUS (liv. III,
chap. XVII).

Les Grecs conduits par Éléarque déclarèrent aux Perses
qu'en leur fournissant des vivres pour de l'argent, ils ne
prendraient pas un morceau de pain ni un verre d'eau
à qui que ce fût ; et CICÉRON dit de Pompée « que ses
« légions arrivèrent en Asie sans que l'on pût dire que
« non seulement les mains, mais même les pieds d'une si
« grande armée, eussent porté préjudice à aucun des amis
« du peuple romain. »

(21) Beaucoup d'auteurs ont écrit sur le droit maritime en temps de guerre. Parmi les plus anciens nous avons le rédacteur inconnu de la compilation dite *Il consolato del Mare*, ALBERICUS GENTILIS, professeur à Oxford, GROTIUS, SELDEN, LOCCENIUS, BYNKERSHAECK, PUFFENDORF, VATTEL, etc. Parmi les modernes nous nous bornons à indiquer les ouvrages de MM. HUBNER, AZUNI, BOUCHER, LAMPREDI. Nous invitons le lecteur à les consulter; mais nous le prions en même temps de bien distinguer ce qui appartient au droit des gens primitif, c'est-à-dire aux principes fondamentaux, et ce qui n'est que le résultat des coutumes ou de conventions particulières. Cette distinction est importante pour tout homme qui veut connaître la nature des choses, approfondir et apprécier la source des institutions humaines. Sans la théorie, la pratique n'est qu'une routine dont le moindre incident embarrasse la marche. D'ailleurs la pratique même, relativement à la mer, n'a aucune base fixe; elle est nécessairement aussi variée, aussi versatile que les conventions où il faut la puiser; et il arrive que, faute de connaître les principes, on est hors d'état de discerner la justice ou l'injustice de tel ou tel usage, et surtout d'interpréter soit les usages, soit les conventions, lorsque les dispositions en sont équivoques ou incomplètes.

(22) On demandera peut-être la cause de la différence que l'on fait entre la *contrebande de guerre* et la *contrebande marchande*; la voici. En temps de guerre, la visite

et la saisie sont fondées sur le droit de propre conservation (*Voyez* liv. III, chap. xv, § 1 et suiv.). Il n'en est pas ainsi pour les objets de contrebande marchande : celle-ci ne touche qu'à l'industrie et non à la conservation ; or, la seule industrie, ou, si l'on aime mieux, une augmentation de richesse ne saurait être une raison suffisante pour détruire la liberté de la *pleine mer*, parce que chaque nation a un droit égal de promouvoir sa prospérité ; et, en la faisant, elle ne marque pas de préférence à une nation au préjudice de l'autre. L'usage général est d'accord avec ce principe : en effet, un bâtiment neutre visité en pleine mer en temps de guerre, n'est point saisi pour le simple fait de contrebande marchande, hors les cas où cela est autorisé, même en temps de paix.

La violation de ces principes de la part de la Grande-Bretagne, au commencement de la guerre avec ses colonies, a autant contribué aux liaisons de la France avec elles, que les raisons politiques que cette puissance pouvait avoir de les séparer de leur métropole. Au reste, les Français avaient des moyens faciles d'éluder les règles maritimes concernant la contrebande de guerre : ils prenaient une destination apparente pour les îles françaises, et même pour St-Pierre et Miquelon ; et il est constant qu'ils en ont amplement usé et même abusé, et cet abus devait engager la cour de Londres à augmenter sa surveillance ; mais il ne l'autorisait point à violer de sa seule autorité les lois de la mer, et les dispositions

10.

expresses des traités. Elle a trop légèrement voulu obvier
à un inconvénient à peu près sans remède : en le suppor-
tant, ou du moins en se bornant à le comprimer d'après
les règles généralement reçues, elle aurait peut-être prévenu la guerre avec la France ; car ni Louis XVI, ni son
ministère n'y étaient enclins, malgré l'opinion publique
et celle des hommes d'état qui la voulaient, parce qu'ils
croyaient l'occasion favorable pour venger la France de
l'abus que, selon eux, la Grande-Bretagne avait fait de ses
avantages par la paix de 1763 : et c'est encore là un de
ces exemples qui prouvent combien il est dangereux d'a-
buser de la fortune.

(23) L'Angleterre les a toujours considérés comme
contrebande à l'égard des nations avec lesquelles elle
n'a pas de traité. Durant la guerre qui éclata entre la
France et l'Angleterre, en 1778, la cour de Londres
demanda aux états-généraux des Provinces-Unies, vers
la fin de la même année, d'entrer en négociation pour
changer les stipulations du traité de commerce de 1674,
dont l'article 4 déclarait libres les bois de construction et
autres munitions navales. Sur le refus des Hollandais
d'acquiescer à cette demande, l'Angleterre fit attaquer un
convoi protégé par plusieurs vaisseaux de ligne ; et cette
voie de fait força les Provinces-Unies de se rapprocher
de la France, et de prendre part à la guerre. On peut
consulter à ce sujet un écrit intitulé : *Observations d'un
citoyen d'Amsterdam, sur un mémoire présenté aux
états-généraux par le chevalier Yorck, le 22 juillet 1779.*

(24) Je vais indiquer celle qu'a suivie la France à dif-

férentes époques. Une déclaration de 1658 porte ce qui suit : « (Art. 2.) Aucun vaisseau de nos amis, de nos al-
« liés, ne pourra être arrêté après avoir amené ses voiles
« sur la semonce qui lui en aura été faite, et montré sa
« charte-partie et police de chargement des marchandises
« chargées pour le compte de nos amis et alliés. (Art. 5.)
« Il est fait défense de souffrir plus de vingt-quatre heures
« aucun vaisseau ayant commission étrangère, qui ait fait
« des prises, si ce n'est qu'il ait relâché pour fait de mauvais
« temps, et encore à la charge de n'y vendre ou laisser au-
« cunes marchandises. Il est fait défense d'en acheter
« par surprises. » L'art. 10 défend d'ouvrir les coffres,
balles, etc.

Le traité des Pyrénées de 1659 (art. 19) porte que toutes marchandises, soit françaises, soit espagnoles, trouvées sur un bâtiment ennemi, seront confisquées; et que toutes marchandises ennemies chargées sur bâtiment français ou espagnol sont libres. Une ordonnance de 1673 porte une exception en faveur des vaisseaux anglais, suédois et danois. Les vaisseaux des autres nations sont déclarés libres, à condition qu'ils n'auront pas de marchandises ennemies. L'ordonnance de la marine de 1681 (art 7) porte entre autres ce qui suit : « Sont de
« bonnes prises tous les navires chargés d'effets apparte-
« nans aux ennemis, et les marchandises de nos sujets et
« alliés qui se trouvent dans un navire ennemi. »

Selon un réglement de 1704 (art. 1), les vaisseaux neutres, sortant même des ports ennemis et chargés de marchandises audit pays, pour compte de propriétaires neutres, ne sont point confiscables, s'ils retournent directement chez eux ; mais ils sont confiscables, s'ils vont dans un autre port neutre : les vaisseaux seront relâchés. (Art. 39.) S'il y a des effets appartenans aux ennemis, les vaisseaux et effets seront de bonne prise.

Selon un réglement de 1744, les marchandises chargées en pays ennemi pour le compte des neutres, ne sont pas sujettes à confiscation. Les vaisseaux neutres sont libres s'ils ont chargé dans un port neutre, et n'ont pas de marchandises de crû et de fabrique ennemie; dans ce dernier cas, le vaisseau est relâché.

Le réglement concernant la navigation des bâtimens neutres en temps de guerre, du 26 juillet 1778, renferme la dernière jurisprudence sur cette matière. Durant tout le cours de la révolution française, on n'a fait que changer et rechanger de principes, c'est-à-dire altérer et détruire tous ceux que l'usage et une sage politique avaient introduits : mais le gouvernement établi par la constitution de 1799 est revenu de toutes ces erreurs, et a adopté purement et simplement le sage réglement de 1778. En voici le précis : Défense aux armateurs d'arrêter les bâtimens neutres, quoique sortant des ports ennemis ou y étant destinés, sauf ceux qui porteraient des secours à des places bloquées, investies ou assiégées. Pourront être arrêtés ceux chargés de marchandises de contrebande destinées à l'ennemi, lesquelles seront saisies et confisquées, mais les bâtimens et le surplus de

leur cargaison seront relâchés, à moins que lesdites marchandises de contrebande ne composent les trois quarts
du chargement : dans ce cas, bâtiment et cargaison seront confisqués en entier. (Art. 1.) Les bâtimens seront
obligés de justifier sur mer de leur propriété neutre par
passeports, connaissemens, factures et autres pièces de
bord. (Art. 2.) Le jet en mer de papiers, leur suppres-
sion ou distraction donne lieu à la satisfaction, sans qu'il
soit besoin d'examiner quels étaient ces papiers. (Art. 3.)
Un passeport ou congé ne peut servir que pour un an.
(Art. 4.) On n'aura aucun égard aux passeports accordés
par les neutres aux propriétaires ou maîtres, sujets des
états ennemis, s'ils n'ont été naturalisés et n'ont pris domicile dans les états desdits neutres trois mois avant la
déclaration de guerre. Les art. 7 et 8 fixent les règles relatives à un bâtiment de fabrique ennemie.

L'art. 9 déclare de bonne prise les bâtimens étrangers
où il y aura un subrécargue marchand ennemi, ou officier major du pays ennemi, ou dont l'équipage sera composé au-delà du tiers de matelots, sujets des états ennemis, sauf le cas de nécessité. L'art. 11 veut qu'on n'ait
égard qu'aux pièces trouvées à bord.

Les dispositions qui viennent d'être rapportées, sont
expliquées d'une manière précise, à l'égard des marchandises réputées contrebande, dans deux lettres adressées à l'amiral, les 23 mai et 7 août 1780 : elles portent
l'ordre de ne gêner la navigation des neutres que dans le
cas où l'on soupçonnerait un bâtiment d'avoir arboré un

pavillon neutre ; ou dans le cas où les bâtimens porteraient à l'ennemi des marchandises de contrebande, telles
que *armes*, etc., de quelque espèce que ce soit, et *muni-*
tions de guerre.

(25) Nous nous bornerons à citer le traité de commerce signé à Utrecht en 1713, entre la France et la
Grande-Bretagne, parce qu'il a servi à peu près de modèle
à tous les autres traités de commerce, et que l'usage en a
conservé les dispositions à l'égard de l'objet dont il s'agit.

Les art. 21 et 22 désignent les précautions à prendre
pour l'état des bâtimens marchands, et la manière de
procéder à leur égard.

L'art. 23 statue qu'en cas de *soupçon manifeste, ils*
sont obligés, dans les ports, de montrer leurs lettres de
mer et certificats en forme indiquée dans les articles pré-
cédens; et l'article 14 dit : « Que si les vaisseaux respec-
« tifs étaient rencontrés faisant route sur les côtes ou en
« pleine mer par quelque vaisseau de guerre, ou par
« quelques vaisseaux armés par des particuliers, lesdits
« vaisseaux de guerre et armateurs particuliers, pour
« éviter tout désordre, demeureront hors la portée du
« canon, et pourront envoyer leurs chaloupes à bord du
« vaisseau marchand qu'ils auront rencontré, et y entrer
« au nombre de deux ou trois hommes, à qui seront
« montrées par le maître ou capitaine de ce vaisseau ou
« bâtiment les lettres de mer qui contiennent la preuve
« de la propriété du vaisseau, et conçue dans la forme
« insérée au présent traité; et il sera libre au vais-

« sçau qui l'aura constatée, de poursuivre sa route, sans
« qu'il soit permis de le molester et le visiter en manière
« quelconque, ou de lui donner la chasse, ou de l'obli-
« ger à se détourner du lieu de sa destination. » Suivant
l'article 25, un bâtiment allant dans un port ennemi, et
dont le voyage et l'espèce des marchandises seront justement soupçonnés, sera tenu de produire en pleine mer
ses lettres de mer, ainsi que des certificats qui marquent
que ces marchandises ne sont point défendues. S'il s'en
trouve de défendues, dans ce cas elles seront déclarées
confisquées dans les formes prescrites par l'art. 26 ; mais
le bâtiment et les autres marchandises seront libres ; suivant l'art. 27, tout ce qui se trouvera chargé sur un navire ennemi sera confisqué, comme s'il appartenait à
l'ennemi même.

(26) L'indécision d'une question aussi importante et
aussi délicate a occasioné, en 1780, la guerre entre
l'Angleterre et la Hollande (*V.* liv. III, note 15) ; elle
a occasioné en dernier lieu une rupture entre les cours
de Londres et de Copenhague, et a donné lieu à l'union
de cette cour avec celle de Suède, de St-Pétersbourg et
de Berlin : cette union a pris la dénomination de neutralité armée. Ces cours avaient formé une union pareille
en 1780.

(27) On en accordait même autrefois à des particuliers
qui, en temps de paix, avaient été pillés sur mer, et à
qui on avait refusé satisfaction. L'Angleterre fournit plusieurs exemples de cette espèce.

(28) Ceci est dit dans la supposition qu'il n'existe aucun traité entre la nation neutre et l'une des puissances en guerre ; dans le cas où il en existe un, la question doit être décidée d'après les principes relatifs aux alliances.

(29) J'avoue que je ne conçois pas le doute que manifeste à cet égard Puffendorf ; car, en premier lieu, ces sortes de conventions ont communément pour objet de modifier les horreurs de la guerre ; en deuxième lieu, les nations en guerre n'ont point abjuré l'empire de la raison naturelle, et cette raison impose l'obligation d'être fidèle à ses engagemens ; en troisième lieu, en prenant un engagement quelconque, les parties belligérantes modifient par là les droits que peut lui donner celui de faire la guerre ; en quatrième lieu, la doctrine de Puffendorf met la perfidie en maxime ; car il n'est point de perfidie plus caractérisée que celle d'avoir l'air de faire de bonne foi une convention, et de se réserver intérieurement la faculté de l'enfreindre.

A la vérité, l'histoire ne soumet que trop d'exemples de perfidies de ce genre ; mais ce n'est point une raison pour l'établir en principe. Par une suite de ce principe Puffendorf dit qu'il ne faut point se fier aux conventions de l'espèce dont il s'agit : sans doute les souverains rompent souvent des engagemens que leur conscience leur dit être sacrés ! Mais faut-il pour cette raison décrier, proscrire toutes les conventions qu'ils peuvent faire entre eux ! faut-il les empêcher d'adoucir les maux inséparables du plus grand fléau qui puisse affliger l'humanité! *Eam vir sanctus et sapiens scit veram esse victoriam quæ salvâ fide et integrâ dignitate parabitur.* — C'est ainsi que s'exprime FLORUS (liv. I, chap. XII).

(30) Autrefois les Turcs ne faisaient que des trèves avec les puissances chrétiennes. L'empereur Charles V et François Iᵉʳ conclurent, en 1538, une trève de dix ans; en 1684, l'empereur en conclut une de vingt ans avec Louis XIV; en 1609, l'Espagne fit une suspension d'armes de dix ans avec les Provinces-Unies.

(31) *Voyez* dans GROTIUS l'étymologie du mot *trève* qui s'exprime en latin par le mot *induciæ*. (Liv. III, chap. XXI, § 2.)

(32) Il importe que ces sortes d'actes soient rédigés avec autant de précision que de clarté; car il faut toujours craindre les fausses interprétations. CICÉRON (*De offic.*, liv. I, chap. XI) s'explique sur cette matière dans les termes suivans: *Existunt etiam injuriæ calumniâ quâdam et nimis callidâ sed malitiosâ juris interpretatione; ex quo illud* SUMMUM JUS SUMMA INJURIA *factum est, jam tritum sermone proverbium. Quo in genere etiam in republicâ multa peccantur, ut ille, qui, cùm triginta dierum essent cum hoste pactæ induciæ, noctu populabatur agros, quod dierum essent pactæ, non noctium induciæ.*

(33) *Item ea quæ ex hostibus capimus, jure gentium statim nostra fiunt..... Bello capta ejus fiunt qui primus eorum possessionem nactus est.* (INSTITUT., lib. II, tit. 1, § 17, *et Dig.*, lib. XLI, tit. 11, *De ad qui possess.*, lib

I, § 1. *Voyez* PUFFENDORF (liv. IV, chap. VI, § 14; — liv. VIII, chap. VI, § 17).

GROTIUS (liv. II, chap. XXIII) entre dans de grands détails sur cette matière, et il cite maintes autorités tirées de l'histoire grecque et de celle des Romains. — Il me paraît qu'on a toujours confondu la simple *occupation* avec la *propriété*.

(34) C'est d'après la doctrine ci-dessus que le roi de Prusse Frédéric II prétendit justifier l'invasion inopinée qu'il fit en Saxe en 1756. Ce prince allégua un traité secret conclu entre l'Autriche, la Russie et l'électeur de Saxe pour lui enlever le duché de Silésie. (*Voyez* les mémoires de Brandebourg.)

(35) La preuve de cette vérité est consignée dans tous les traités de paix : lorsqu'une des parties est obligée d'abandonner une province conquise sur elle, le traité porte qu'elle *cède*, et non que la partie qui a conquis *conserve*. Je pourrais citer nombre de traités à l'appui de cette remarque, mais je me borne à deux exemples. 1° Le traité signé à Utrecht en 1713 entre Louis XIV et le roi de Prusse Frédéric-Guillaume 1er porte (Art. 7) que la partie du quartier de Gueldres, que *possède* et *occupe* le roi de Prusse, lui est cédée à perpétuité; 2° dans les préliminaires de paix signés le 20 janvier 1783, entre la France et la Grande-Bretagne, il est dit, article 7, que le roi de la Grande-Bretagne *cédera* à la France l'île de Tabago. Cette île était alors occupée par les Français à titre de conquête. — Il est incontestable que le mot *céder*

suppose essentiellement la propriété ; par conséquent, ni la guerre ni la conquête ne la détruisent. Ainsi la pratique dément le principe enseigné par le droit romain et par la plupart des publicistes. (*Voyez* liv. III, chap. VII, § 3.)

(36) Il n'est aucun pays augmenté par des conquêtes qui ne fournisse la preuve de ce que nous disons. On voit à peu près partout les provinces conquises jouir plus ou moins de leurs anciens priviléges ; et c'était là un point important de la politique des Romains. Le système d'unité est moderne, et il offre un important sujet de méditation ; mais cette matière est du ressort de la politique. Sans doute la diversité des régimes multiplie les soins de l'administration, surtout dans un grand état, et il est plus facile de gouverner avec une seule volonté ; mais l'unité s'opère rarement sans froisser des droits particuliers. Ce qu'on appelle intérêt de l'état peut seul justifier ou du moins pallier cette défectuosité.

(37) Lorsque autrefois les rois de France faisaient des cessions de territoire, ils étaient dans l'usage de joindre aux lettres de ratification du traité de paix des lettres d'aveu des grands baillages du royaume. Nombre d'auteurs, imbus des maximes du droit romain, sans l'analyser, sans en rechercher les principes, ont attaché la propriété, même l'empire à la conquête. ABBISŒUS (*De Rep.*, lib. II, cap. VI, sect. IV, n° 3) va jusqu'a dire : *Nihil autem refert, quo quis titulo potens sit.* — A une doctrine aussi pernicieuse j'oppose celle de PUFFENDORF,

Voici comment il s'exprime : « Toute conquête légitime
« suppose donc que le vainqueur ait eu un juste sujet
« de subjuguer les vaincus, et que ceux-ci se soient en-
« suite soumis à lui par une convention : autrement ils
« sont encore réciproquement en état de guerre, et par
« conséquent il n'est point leur souverain. » (Liv. VII,
chap. VII, § 3.)

(38) On a beaucoup écrit sur la conduite politique de
Louis XIV, sur son ambition, ses guerres, ses conquêtes :
les uns l'ont blâmé à toute outrance ; d'autres ont entre-
pris son apologie ; mais il s'en faut que l'opinion soit
fixée à cet égard. Les politiques et les philosophes ne se
mettront jamais d'accord sur cette question. Nous ne
prétendons point la résoudre, parce qu'elle exigerait un
développement qui sortirait des bornes que nous nous
sommes prescrites, et serait étranger à l'objet de cet ouvrage. — Nous nous contentons d'inviter le lecteur qui
désirera avoir une opinion sur la politique de Louis
XIV, de considérer, d'un côté, la position où se trouvait
la France à l'avénement de ce monarque, et au moment
de sa mort ; de l'autre, celle des puissances rivales, savoir la maison d'Autriche et la Grande-Bretagne. Cet
examen le conduira à celui de l'équilibre de l'Europe à
l'époque dont il est question ; et il est possible que le résultat soit sinon la justification, du moins l'excuse de
Louis-le-Grand.

(39) Croit-on qu'Alexandre ait bien consulté l'intérêt
de la Macédoine en s'abandonnant à la frénésie des con-

quêtes, et en s'emparant de l'Asie mineure, de la Perse, d'une partie de l'Inde, de l'Égypte, etc. Où la même passion a-t-elle conduit la république romaine? Et Louis XIV, à quels dangers ne l'a exposé, à la fin de son règne, la seule opinion que l'on avait de son ambition! Si la politique d'un gouvernement n'a d'autre objet que l'agrandissement, s'il veut tout ce qu'il peut, il se voit forcé d'être constamment injuste, de manquer sans cesse aux premières règles du droit naturel et du droit des gens; d'être dans une défiance continuelle, de se tenir toujours dans un état hostile, d'exposer même le principe de sa propre conservation en le violant à l'égard des autres.

(40) On peut consulter les préliminaires du traité de Westphalie (1648), ceux de la paix de Bade (1714), de la paix de Vienne (1738), de la paix d'Aix-la-Chapelle (1748), de la paix de Paris (1763), et de celle de Versailles (1763).

(41) Je crois devoir rapporter à cette occasion ce qui se passa durant la guerre d'Amérique. La cour de Londres avait envoyé en France deux négociateurs : l'un (M. Thomas Grenville) traitait avec le ministère; l'autre (M. Oswald) avec les commissaires américains. On était convenu de quelques bases, lorsqu'on apprit la défaite de M. de Grasse le 8 avril 1782, près l'île de la Dominique. La cour de Versailles jugeant que celle de Londres augmenterait ses prétentions, n'hésita pas à demander si le cabinet changerait les bases des négociations, ou s'il les maintiendrait et continuerait de traiter dans l'esprit de conciliation qu'il avait manifesté. Les plénipo-

tentiaires anglais firent une déclaration satisfaisante, et l'on continua de négocier. Toutefois la lenteur servait de masque à la répugnance avec laquelle l'Angleterre se voyait dans la nécessité de mettre fin à la guerre. C'est là le motif de la marche que l'on suivit en France. On envoya à Londres un homme de confiance pour s'assurer des véritables dispositions du cabinet britannique, et cette mesure accéléra les négociations et la paix.

(42) Dès le commencement de la guerre d'Amérique, la cour de Londres, malgré le pacte de famille, avait invoqué la médiation du roi d'Espagne entre elle et la France; mais on jugea bientôt que ses intentions n'étaient point sincères, et qu'elle ne voulait qu'amuser et égarer le roi catholique. Le résultat de ce simulacre de négociation fut que Charles III fit cause commune avec la France. Dans le cours de la guerre, le ministère anglais recourut aussi à la médiation de la cour de Vienne; mais elle fut infructueuse comme la première, et cela devait être, car le cabinet de Londres demandait comme préliminaire, que la France renonçât à ses traités avec les Américains; et la France ne pouvait point condescendre à cette demande sans se déshonorer. Le prince de Kaunitz, placé entre ces deux extrêmes, et convaincu de l'inutilité de ses efforts, cessa la négociation, en disant de celui qui découvrirait un moyen de conciliation : *hic erit mihi magnus Apollo.* Les négociations furent renouées plus tard, et les préliminaires furent signés au commencement de 1783 sans aucun intermédiaire. Cependant,

par courtoisie, on invita l'empereur d'Allemagne et l'impératrice Catherine II à prendre part en qualité de médiateurs à la signature du traité définitif.

(43) La France se rendit garante de la paix de Belgrade (1738), conclue sous sa médiation entre la Porte-Ottomane et la maison d'Autriche ; elle prit le même engagement par le traité de paix conclu à Teschen en 1779, entre les cours de Vienne, de Berlin et de Munich.

(44) On peut classer parmi les obstacles imprévus et inévitables les hasards de la mer ; c'est par cette raison qu'on stipule ordinairement dans les traités que tout ce qui est contraire à leur teneur sera regardé comme non-avenu. Voici comment s'énonce à cet égard le traité de paix de 1783, entre la France et l'Angleterre : « Tous les pays « et territoires qui pourraient avoir été conquis ou qui « pourraient l'être, dans quelque partie du monde que « ce soit par les armes de S. M. T. C., ainsi que par cel-« les de S. M. B., et qui ne sont pas compris dans le « présent traité, ni à titre de cession, ni à titre de resti-« tution, seront rendus sans difficulté et sans exiger de « compensation. » (Art. 19.)

(45) Une nation s'engage à acquitter une somme à des époques déterminées avec les intérêts. Ce dernier mot doit signifier l'intérêt légal, et non celui du commerce.

(46) Exemple : L'île de Terre-Neuve appartient à l'Angleterre ; cette puissance, en accordant à une autre nation le droit de pêcher sur les côtes de cette île, est censée lui avoir également accordé la faculté de faire

tout ce que la pêche exige, comme de relâcher, en cas de besoin, dans les ports, havres, etc., de conduire le poisson à terre pour le sécher et arranger, de couper les bois nécessaires, de construire momentanément des sécheries, des abris, etc.

(47) On s'est moqué du jurisconsulte HEAVA, qui prétendait prouver que des esclaves détenus pour loyers pouvaient être délivrés par la fenêtre, parce que de cette manière ils ne seraient pas censés avoir quitté la maison, puisqu'ils n'auraient pas passé le seuil de la porte. L'histoire rapporte le trait d'un général qui, s'étant engagé à rendre des prisonniers, leur fit couper la tête, et n'envoya que les cadavres.

(48) Nous avons un exemple bien récent à cet égard : c'est le traité de paix signé à *Campo-Formio*, entre la république française et la maison d'Autriche. Ce traité renferme deux objets : les intérêts directs des deux parties contractantes, et les intérêts indirects de l'empire d'Allemagne : ces derniers furent renvoyés à un congrès particulier. Le traité de *Campo-Formio* a été définitif à l'égard de la cour de Vienne, et il a eu toute son exécution relativement au premier objet ; mais les conférences de Rastadt furent infructueuses, et la guerre recommença, non seulement avec l'Empire, mais aussi avec la cour de Vienne. Lorsqu'il s'est agi de négocier de nouveau la paix, les deux parties principales, savoir la France et l'Autriche, ont pris naturellement et nécessairement pour base le traité de *Campo-Formio*, parce qu'il constituait

leur position, leur *statu quo* à l'époque où les hostilités ont recommencé. Si cela n'eût pas été, il aurait fallu se disputer de nouveau, d'un côté, par rapport à la Belgique, de l'autre, par rapport à l'état de Venise. Il n'en était pas de même à l'égard de l'empire d'Allemagne : ce qui avait été ébauché à son égard à Campo-Formio, était demeuré imparfait : la reprise des hostilités avait tout anéanti, et il a fallu recommencer par les élémens, c'est-à-dire partir du *status ante bellum* : il a donc fallu discuter de nouveau la ligne de démarcation entre l'Allemagne et la France, de même que les indemnités.

FIN DES NOTES DU TROISIÈME LIVRE.

APPENDICE.

IDÉES SUR LA POLITIQUE.

§ 1er.

Le mot *politique*, dans son acception la plus étendue, signifie l'art de se conduire. Dans un sens plus restreint mais plus exact, il exprime celui de gouverner les peuples. A cet égard la politique a deux objets : 1° le régime intérieur d'un état; 2° ses rapports extérieurs.

§ 2.

Les gouvernemens ont été introduits pour la sûreté, la tranquillité, le bonheur des hommes; voilà le motif du sacrifice que ceux-ci font d'une partie de leur liberté naturelle, pour se soumettre à une autorité convention-nelle; voilà la source du pouvoir confié au chef d'une nation, voilà le but vers lequel doivent tendre toutes les sollicitudes de ce chef; voilà,

en un mot, le véritable objet de la politique
intérieure.

§ 3.

Le chef d'un gouvernement le remplira,
cet objet, s'il respecte et fait respecter le pacte
social, qui est le titre commun entre lui et la
nation; s'il ne favorise pas une partie des citoyens au préjudice de l'autre; si, forcé de
punir, il le fait pour l'exemple et pour la sûreté publique et non par esprit de vengeance;
s'il maintient la tranquillité publique sans
violence et sans moyens arbitraires; s'il fixe
son attention sur l'organisation de l'ordre judiciaire, et sur le choix des juges; si, se pénétrant de la nature et de l'objet du revenu
public, ainsi que des besoins réels de l'état,
il met une sage économie dans les dépenses;
s'il protège et fait prospérer l'agriculture, l'industrie, le commerce et les arts utiles; s'il
distingue, honore, encourage la probité, la
vertu, les talens; s'il récompense dans une
juste mesure les services rendus à la patrie;
s'il soutient la religion et le culte; si pour ses
agens il n'emploie que des hommes éclairés,
probes, et jouissant de l'estime publique; s'il
arrête, autant qu'il peut dépendre de lui, la

dépravation des mœurs et de la morale. Deux moyens se présentent à lui à ce dernier égard : l'éducation * et l'exemple. Ce dernier est le plus important, parce qu'il influe sur l'éducation, et c'est essentiellement au gouvernement à le donner ; car, comme dit Claudien : « l'esprit humain ne se plie pas si facilement « aux édits qu'à la conduite du souverain. » Ainsi, si l'immoralité tient les rênes du gouvernement, si elle préside à la destinée des peuples, si elle dirige les conseils, si elle distribue la justice, les emplois et les récompenses, elle se répand bientôt parmi toutes les classes de citoyens ; elle corrompt tout : elle fait plus de ravages que l'ignorance et la guerre civile ; car il y a des remèdes à l'une et à l'autre, tandis que l'immoralité, semblable aux insectes, attaque, ronge, détruit sourdement les principes vitaux de l'ordre social, et le fait enfin tomber en dissolution sans aucun espoir de retour. Empires, monarchies, républiques, tous les gouvernemens sont exposés à ce funeste résultat : la tyrannie vient s'asseoir sur leurs débris ; elle abat sans obstacle

---

* V. liv. I, chap. xxiv.

tout ce qui peut encore lui faire ombrage, et la satiété seule calme ses fureurs.

§ 4.

Mais je n'exige point, comme font beaucoup d'auteurs misanthropes qui censurent tout, qui ne voient, ne veulent que la perfection idéale, c'est-à-dire cette perfection qui n'est pas plus dans la nature humaine que les proportions imaginées par les statuaires grecs; je n'exige point, dis-je, que le conducteur d'une nation soit exempt de passions et d'erreurs, qu'il ait une vertu surhumaine, qu'il opère journellement des prodiges. Je n'exige point non plus qu'il voie, qu'il fasse tout par lui-même: il ne le devrait point, quand même cela serait possible, quand il aurait toute la sagesse, toutes les connaissances, toute la perspicacité, toute l'étendue dont l'esprit humain est susceptible; quand même il pourrait suffire aux soins, aux détails, aux fatigues, que demandent impérieusement les détails de l'administration d'un état, quelque peu étendu qu'il soit; car, comme tous les autres hommes, il peut se tromper; il peut, sans le vouloir et même sans s'en apercevoir, commettre des injustices : et quel préservatif a-t-il contre ses préventions, ses affections, ses passions ? L'amour-propre est un conseiller bien complaisant, bien dangereux, et la conscience souvent un censeur bien faible, bien équivoque ! Comment enfin pourra-t-il se prémunir contre les délations, la calomnie, les abus de confiance, les insinuations astucieuses, les adulations intéressées. Un simple père de famille ne le peut point : comment le pourrait un souverain ?

D'un autre côté, il faut que le chef d'une nation soit bien pénétré de cette importante vérité, que le respect qu'il est si essentiel qu'il inspire, résulte moins de sa dignité, de son rang, de son pouvoir, que de l'opinion que l'on a de sa justice, de sa sagesse, de sa bienfaisance. Il doit donc soigneusement éviter tout ce qui pourrait affaiblir cette opinion. Le peuple qui pourrait attribuer au souverain seul tous les actes de l'administration, serait bientôt porté à se croire à la merci d'un pouvoir arbitraire.

Pour éviter un sentiment aussi dangereux, il faut une garantie contre les erreurs, les injustices, les abus d'autorité. Le gouvernement a entre ses mains les moyens de se faire obéir; il en faut aux citoyens pour que leur obéissance ne dégénère pas en servitude *. Il faut, en un mot, une balance entre le chef qui commande et le sujet qui obéit.

Un conseil, des ministres, doivent donc environner le souverain. Ils ajoutent leurs lumières aux siennes, ils lui apprennent à se méfier de ses propres opinions, souvent même ils l'obligent à mettre un frein à ses passions (1); et cette garantie si nécessaire dont nous venons de parler, qui n'existe point et ne saurait exister contre la personne même du chef de l'état, ses ministres l'offrent par leur responsabilité.

Le choix des hommes appelés à être les premiers agens du gouvernement est d'autant plus important, que, la plupart du temps, il n'est pour ainsi dire connu et jugé que par leur conduite. Leurs fautes deviennent les fautes du prince. S'il les tolère, il est censé ou les partager ou les laisser impunies par faiblesse; or, l'un comme l'autre portent atteinte à sa considération, et diminuent la confiance nationale comme celle des nations étrangères. Citons un exemple remarquable dans notre histoire moderne : personne, je

----

* V. liv. I, chap. viii.

pense, ne le récusera. Louis XIV, quelque éminentes que fussent ses qualités personnelles, n'aurait probablement jamais acquis le surnom si mérité de *grand*, s'il n'eût été secondé par des ministres dignes de son génie. Qui a préparé la gloire de ce prince? c'est Richelieu : —qui l'a soutenue? c'est Mazarin et d'habiles négociateurs d'une part, Louvois et d'illustres guerriers de l'autre: —qui a découvert et fait couler ces abondantes sources de la richesse nationale? c'est Colbert: — qui a éclairé la législation française? les Lamoignon, etc. Ce sont ces hommes célèbres qui ont, si je puis m'exprimer ainsi, élevé Louis sur le pavois; ce sont eux qui l'ont présenté aux regards étonnés de l'univers; ce sont eux qui ont facilité, opéré le développement de sa grande ame, aplani la route aux grandes choses qu'il a opérées : en un mot, ce sont eux qui ont en quelque sorte créé le siècle de Louis XIV. — Et remarquons que leur gloire personnelle n'a point diminué l'éclat de celle qui environnait le monarque, et qui ne cessera de planer sur son règne. — Observons, d'un autre côté, que Louis avait la pensée si noble, si élevée, que, malgré la haute opinion qu'il devait avoir de lui-même, aucun talent ne l'offusquait ; qu'au contraire il recherchait, consultait, honorait, récompensait le mérite, et lui laissait à côté de lui tout son essor et tout son éclat. Louis XIV sentait tellement l'importance dont est un ministre habile, que, malgré les sujets de mécontentement qu'il croyait avoir à l'égard de Colbert, il se garda bien de le déplacer : le monarque, dans un accès d'humeur, écrivit à ce ministre : « Je « suis si mécontent de vous, que je vous au- « rais renvoyé depuis long-temps, si je n'avais « besoin de vous, et si vos services ne m'é- « taient point nécessaires. »

Tout ce qui vient d'être dit semble mériter d'autant plus d'attention qu'un souverain, quelle que soit sa sollicitude pour la prospé- rité publique, ne refondra point l'espèce hu- maine; il n'empêchera pas l'homme d'éprouver l'impression des passions inhérentes à sa na- ture, et il lui sera impossible de ne pas faire des mécontens. Sans doute, dans tous les cas où les lois parlent, il ne s'agit que de donner un libre cours à leur exécution, et, s'il en résulte des plaintes, on ne peut point inculper le prince. Mais combien de choses sont hors de l'atteinte de la loi, et du seul ressort de l'au- torité administrative ! A la vérité, dans ce dernier cas, l'énergie en imposera par la crainte; mais il est une infinité de circonstances où elle doit être tempérée, où le gouvernement doit louvoyer, si je puis m'exprimer ainsi, où les moyens doux sont plus efficaces que ceux de rigueur. S'il est des maux physiques qui exigent des caustiques, il y en a davantage qui ne demandent que des lénitifs : il en est de même des affections morales, et surtout de celles qui se manifestent dans les corps politiques : il importe de les bien connaître avant de leur appliquer le remède; *noscenda natura vulgi est, et quibus modis temperanter habeatur.* Les hommes qui regardent la constitution d'un état comme une machine à ressorts, trouvent peu de difficultés à la faire mouvoir : tout, selon eux, dépend d'une volonté première, d'une volonté motrice. Les entraves, selon eux, doivent être écartées avec autant de promptitude que de sévérité. Toutefois, si nous considérons que l'homme a la faculté de penser, de juger, de vouloir; qu'il a des besoins, soit réels soit factices, des désirs, des passions, plus de vices que de vertus, qu'en général il n'obéit qu'avec contrainte, que sa tendance vers une liberté indéfinie ne peut être affaiblie que par le bien-être, la confiance, et plus encore par l'habitude, qu'en un mot, il voudrait toujours que ses actions fussent aussi indépendantes que ses pensées; on sentira que ce n'est point une chose si facile que d'amener l'espèce humaine à l'unité de principes et d'actions que l'ordre social exige, sans employer toujours des remèdes extrêmes qui souvent irritent et augmentent le mal, et qu'il faut quelque chose de plus que la routine et la force pour l'y maintenir. Quelque consommée que l'on suppose la prudence du chef d'une nation, elle a ses bornes : qui peut assigner celles des passions? et cependant c'est sur ces passions qu'il faut régner, ce sont elles qu'il faut comprimer, enchaîner, modifier ou neutraliser. Tel est le premier, le plus essentiel, le plus pénible, le plus difficile des nombreux devoirs imposés aux conducteurs des nations.

Au reste, on conçoit que je parle d'un souverain pénétré de l'importance de ses fonctions; qui regarde sa dignité, son pouvoir, le faste qui l'environne, comme une charge pénible et même dangereuse, plutôt que comme une source de jouissances qui flattent l'amour-propre et la vanité; qui met sa gloire et toute sa sollicitude à faire son propre bonheur par le bonheur de la nation dont la conduite lui est confiée; qui règne pour elle et non pour lui seul, c'est-à-dire qui identifie ses jouissances, sa félicité, avec celles de la nation. Je laisse aux courtisans, aux flatteurs, à ces êtres corrompus qui ne voient qu'un maître et des esclaves, des machines et non des hommes, le soin de caresser l'ambition, les passions, les faiblesses des princes; de leur enseigner l'art de tromper; de ne leur prêcher qu'autorité, pouvoir d'un côté, et soumission aveugle et stupide de l'autre. Ces conseillers pervers ne pourraient pas même s'appuyer de l'autorité de *Machiavel* pour fonder leur doctrine; car cet écrivain, quoiqu'on donne son nom, sans que l'on sache trop pourquoi, à la politique la plus corrompue, établit partout comme un motif puissant d'une conduite sage la crainte du mécontentement du peuple; il trace non des préceptes, mais des exemples à éviter aux princes qui veulent maintenir le suprême pouvoir par le crime et la tyrannie.

§ 5.

C'est surtout dans les momens de fermentation, d'agitation et de troubles intérieurs, que doivent se manifester toute la vigilance, toute la pénétration, toute la prudence du chef du gouvernement: c'est alors qu'il a besoin de conseils sages, fidèles, affectionnés, fermes; car il a à se précautionner contre l'impression que doit naturellement lui faire éprouver la résistance à son autorité. S'il ne suivait, ce qui serait à craindre, que la première impulsion de son amour-propre blessé, de son ressentiment, il embrasserait trop facilement des mesures extrêmes que le mal n'exigeait point, et qui pourraient l'empirer; il doit être calme, et oublier qu'il a sa propre cause à soutenir, une injure personnelle à venger; il doit être surtout passif entre les partis, entre les factions, et les comprimer toutes avec fermeté et avec promptitude, si elles sont de nature à compromettre son pouvoir et la tranquillité publique, sinon (comme dit Mézeray de Henri III) *il devient chef de cabale, et, de père commun, ennemi d'une partie de ses sujets;* il se dégrade et s'expose à tous les hasards, à tous les dangers de la guerre civile.

§ 6.

Ce que je viens de dire est applicable à tous les gouvernemens. Dans les monarchies tempérées il y a une hiérarchie quelconque parmi les sujets, et il existe des classes intermédiaires entre le souverain et le peuple : la politique du monarque consiste essentiellement à maintenir l'équilibre et l'harmonie entre les différentes classes de sujets ; car, si l'une ou l'autre prévaut, le gouvernement s'altère ; s'il ne devient pas absolu, il dégénère en aristocratie ou même en démocratie. Or, aucune de ces révolutions ne peut s'effectuer sans commotion, sans plus ou moins de dangers : la dernière ne peut même s'opérer que par la chute du souverain.

§ 7.

Je ne puis me dispenser de rapporter ici une maxime avancée par Montesquieu : il dit que dans les monarchies on emploie pour la politique le moins de vertu que l'on peut ; il y a donc, selon cet auteur, de l'avantage à employer le vice. Ainsi les fondemens, le but et les moyens de la politique d'un monarque sont essentiellement vicieux : ces conséquences sont évidentes, mais sont-elles justes ?

On doit supposer un monarque honnête homme, c'est-à-dire pénétré de ses obligations, et zélé pour les remplir, sinon il est bien près de la tyrannie ; or, la tâche qui lui est imposée, pourra-t-il la remplir avec des conseillers, des ministres, des agens sans vertu, c'est-à-dire sans justice, sans honnêteté, sans mœurs ? avec des hommes avides, méchans, persécuteurs, perfides ? Non ; à de tels hommes il faut un souverain qui leur ressemble ; car il faut accord de principes, de vues, de moyens entre le maître et les serviteurs.

Mais enfin voyons comment le célèbre auteur de l'Esprit des lois explique son opinion : il dit que « dans les monarchies la politique « fait faire de grandes choses avec le moins de « vertu qu'elle peut, comme dans les plus « belles machines, l'art emploie aussi peu de « mouvemens, de force et de roues qu'il est « possible ». J'avoue ingénuement que cette similitude est au dessus de mon intelligence ; car je ne comprends point l'analogie qui peut exister entre la mécanique, qui n'a pour objet que des corps inertes, qui obéissent à des lois immuables, et la politique qui a constamment à servir ou à combattre des passions dont la mobilité ne connaît point de règles.

Montesquieu, bien convaincu du vice de sa maxime appliquée à la morale, tâche de l'atténuer en disant qu'il ne parle que de la vertu politique; et, selon lui, cette vertu consiste dans l'amour de la patrie, et ne se trouve que dans les républiques *. La conséquence de ce principe est, si je ne me trompe, que l'amour de la patrie, si par hasard un ministre en est imbu dans une monarchie, y complique les ressorts de la politique, tandis que l'absence de ce sentiment les simplifie. A ce compte, quiconque aspire à servir sa patrie doit bien se donner de garde de manifester l'attachement qu'il a pour elle, pour sa gloire, pour sa prospérité; et le souverain, pour ne point courir le risque de se tromper, n'a d'autre chance que celle de confier ses intérêts les plus importans à des étrangers; car il est probable qu'il trouvera chez eux moins d'affection que chez ses sujets : ils l'aideront à faire de grandes choses à proportion de leur indifférence pour le pays qu'ils prétendent servir. —Sans doute (en me restreignant à des noms français) ni les Amboise, ni les Sully, ni les d'Ossat, ni les Jeannin, ni les Davaux, ni les Colbert, ni les Torcy n'aimaient leur patrie, car tous ont fait des choses mémorables.

---

* V. liv. I, chap. xxiii, § 1.

Si j'avais Montesquieu pour interlocuteur, je lui demanderais avec confiance quelles sont les grandes choses que le politique fait faire dans une monarchie avec le moins de vertu qu'elle peut? S'il entend par là ces entreprises hardies, ces prétendus coups d'état qui provoquent des guerres injustes, et procurent de vastes conquêtes, en ruinant les sujets, ou qui ont pour objet de détruire la liberté du peuple pour étendre le pouvoir souverain, je suis d'accord que ni dans un cas ni dans l'autre, il ne faut aucun genre de vertu; qu'il ne faut que de l'audace et l'abjuration de tous les principes de la justice, du droit des gens, du véritable honneur; qui est inséparable de la vertu morale comme de la vertu politique; qu'il ne faut que suivre à la lettre les leçons que l'égoïsme le plus pervers dicte à un prince qui veut, non pas régner, mais tenir ses sujets sous le joug, n'importe par quels moyens : je dis plus, je maintiens qu'un ministre chargé d'une pareille tâche doit surtout abjurer la vertu de Montesquieu ; car il faut être ennemi de sa patrie pour être l'aveugle instrument de son asservissement. — Je suis convaincu que ce n'est point là la doctrine que l'auteur de l'Esprit des lois a voulu prêcher; séduit par le faux éclat de sa comparaison, il a mis en avant une maxime saillante, sans en avoir approfondi toutes les conséquences, sans en avoir pesé les dangers : il augmente ce danger en raison du poids de l'auteur; car Montesquieu, par les propositions qu'il hasarde, est plus dangereux que tous ceux qui ont parlé de politique, de lois et de gouvernemens, parce qu'il leur est supérieur à tous par son génie, par l'universalité de ses connaissances, par la profondeur de ses pensées, et par la lumière qu'il a portée dans le dédale des lois et des usages de tous les peuples : ses opinions sont en quelque sorte devenues des axiomes, tandis qu'il en est plusieurs qui, si elles eussent été avancées par d'autres écrivains, ne seraient considérées que comme des paradoxes; voilà l'effet que produit le seul nom d'un homme célèbre : on respecte, on adopte jusqu'à ses erreurs, que l'on convertit en principes (a).

Pour résumer les réflexions qui précèdent, je dis que si la sollicitude du souverain n'a d'autre objet que le maintien de son autorité légitime et la prospérité nationale qui en est l'objet, il sera efficacement secondé par des ministres qui, outre les vertus morales qui

constituent un homme estimable, auront aussi
la vertu politique de Montesquieu, c'est-à-dire
qui aimeront leur patrie : que si au contraire
il n'est occupé que de son autorité, et des
moyens quelconques de l'étendre, si la liberté
des citoyens l'offusque, si leur prospérité lui
est indifférente ou lui inspire de la crainte;
s'il croit assurer leur soumission par leur mi-
sère ou par la corruption, certes il doit se
garder d'avoir un ministre honnête homme :
son choix ne devra se fixer que sur les êtres
les plus vicieux et les plus corrompus qu'il
pourra découvrir.

§ 8.

On dit communément que la base du despotisme est la crainte; mais existe-t-il, peut-il
exister un gouvernement quelconque sans
plus ou moins de crainte? elle est partout le
support des lois et de l'autorité, et sans elle la
chute de l'édifice social est inévitable. Au surplus, si un despote gouverne avec justice,
avec sagesse (ce qui est possible), la crainte
aura pour compagne le respect; et ce doit être
là le double objet de la politique d'un souverain absolu, comme de tous les autres, quelle
que soit la forme du gouvernement : si les

hommes sont généralement si défians les uns
à l'égard des autres, c'est parce qu'ils craignent
réciproquement tout le mal qu'ils peuvent se
faire : c'est parce que tous connaissent et
éprouvent plus ou moins l'empire et l'effet
des passions. Si donc un souverain absolu a
le bon esprit d'affaiblir ce sentiment général
de défiance; si, à la place de ses caprices, de
ses passions, il prend pour guide la justice,
la bienfaisance, s'il convainc ses sujets que
c'est là le principe invariable de son gouvernement, il les soulagera d'un fardeau bien
pénible; ils se croiront libres, et, s'ils le craignent, il est du moins certain qu'ils ne le
haïront point. Sans doute il aura encore à
craindre les factions des ambitieux et celles
des ingrats; mais, sans le concours du peuple,
elles seront rarement dangereuses : car le
peuple qui ne craint que la sévérité de la
justice est tranquille et confiant : en tout
cas, si sa mobilité, si son inconstance, si sa
crédulité l'entraînent, le souverain ne doit
point hésiter : s'il ne peut conjurer l'orage
sans commotion, il doit écarter, d'une manière
ou d'une autre, les conspirateurs, et étouffer
ainsi, dans le principe, une étincelle qui peut
causer un incendie général. De cette manière

il pourvoit à sa sûreté personnelle comme à la tranquillité de l'état; et quels que puissent être les charmes de la liberté et de l'égalité, cette tranquillité est préférable aux commotions effrayantes de l'anarchie, aux sanglantes scènes de la guerre civile. On peut établir comme règle générale de politique, que dans tous les gouvernemens les mouvemens irréguliers doivent fixer l'attention du chef, et qu'il lui importe personnellement, autant qu'à la chose publique, d'en bien connaître les causes, et de les arrêter d'une manière quelconque. C'est dans de pareilles conjectures que la sagesse et l'énergie de sa politique doivent avoir tout leur développement. Nous avons parlé ailleurs des troubles intérieurs et de la guerre civile [*] : nous ajouterons seulement ici que le premier soin du souverain doit être le maintien de l'autorité, parce qu'elle est la clé de voûte, et que si elle manque, l'édifice social s'écroule de toutes parts, et tout rentre dans le chaos. Des circonstances de cette nature exigent souvent des mesures qui, ne pouvant être prévues, ne sauraient être préétablies. Mais cette omission peut-

---

[*] V. liv. I. chap. xxviii.

elle lier les mains au chef d'une nation?
doit-il laisser flotter les rênes de l'état au gré
du hasard, et aux risques de tous les événemens? L'homme le plus ennemi du pouvoir
arbitraire (et qui ne l'est pas!) ne saurait
disconvenir qu'il est des conjonctures impérieuses où il est impossible de suivre la lettre
de la loi. Le conducteur d'une nation ne doit
avoir d'autre but que le salut de l'état; et si la
loi n'y pourvoit pas, il doit y suppléer. Un
abus passager d'autorité peut-il être mis en
parallèle avec le danger de voir le corps social
se dissoudre par défaut de prévoyance? Mais
en pareille occurrence que d'écueils la sagesse
n'a-t-elle pas à éviter?

§ 9.

La *politique extérieure* concerne les intérêts
respectifs des nations : elle a pour objet leur
indépendance, leur sûreté, leur tranquillité,
leur prospérité, leur dignité, et, en dernier résultat, le maintien de la paix et de
la bonne harmonie. Ces bases sont immuables, quelle que soit la versatilité des rapports
de nation à nation.

§ 10.

Pour le maintien de sa sûreté et sa tranquillité extérieure, un état doit avoir à sa disposition des forces suffisantes pour se faire respecter : et il est nécessaire que le souverain soit lui-même instruit dans l'art de la guerre. Mais à ce moyen conservateur le prince doit en joindre plusieurs autres : le principal est de bien établir l'opinion qu'il est sans ambition, sans envie, sans convoitise, sans aucune vue d'envahissement ; qu'il est juste et ferme dans ses déterminations, fidèle à ses engagemens : cette opinion provoquera la confiance ; et un souverain, quelque puissant qu'il soit, doit d'autant plus en être jaloux qu'au lieu de la crainte et de la haine, elle produit la considération et inspire une sécurité, qui est le garant de la tranquillité publique (3). La confiance a un effet tellement assuré, qu'elle est même l'objet des soins les plus actifs des princes perfides qui veulent tromper. Le second moyen consiste dans une prudente défiance des principes, des vues et des intentions des nations rivales ; il faut chercher avec circonspection à bien démêler ces trois choses ; ne point prendre des apparences pour des réalités ; ne point se faire illusion sur les indices précurseurs de la réalité : tels sont les devoirs qu'impose la *prévoyance*. Lorsqu'elle a fourni à un gouvernement les preuves qui doivent éclairer un homme sage et pénétrant, lorsqu'elle a fixé son opinion sur les projets d'une autre nation, sa sagesse doit lui indiquer les mesures à prendre pour les *prévenir*. Ainsi, on peut dire que les mots *prévoir* et *prévenir* renferment à peu près tout le code de la politique; mais, avant de prévenir, il faut connaître parfaitement les forces de la nation suspecte, ses ressources, ses alliances, tous ses rapports; il faut préjuger les effets naturels ou au moins probables des démarches que l'on médite : il faut également connaître ses propres moyens, ses ressources ordinaires et extraordinaires, calculer les refus, les revers comme les succès, subordonner sa détermination à un résultat au moins probable. Sans toutes ces précautions, le moindre risque auquel s'exposerait un gouvernement serait de se compromettre; et il sera heureux d'en être quitte à ce prix. Il faut, si les circonstances l'exigent, savoir dissimuler, se résigner et attendre.

§ 11.

On peut juger par ce qui précède combien la conduite politique d'un souverain qui veut

maintenir la paix et sa considération, exige de
précautions, de sagesse, de mesure et de connaissances : si elle est bien dirigée, il peut se
flatter du succès ; mais un principe faux, un
acte d'injustice, la moindre inadvertance, une
fausse démarche, une imprudence, même la
plus légère négligence, peuvent tout renverser, et provoquer des orages aussi dangereux
qu'ils étaient imprévus.

§ 12.

Mais, s'il est aisé d'indiquer ce qu'exige
une sage politique, il ne l'est pas autant de
tracer la marche à suivre pour atteindre au
but : la mobilité des circonstances, des esprits
et des passions empêche d'établir des règles
précises à cet égard. Ainsi on ne hasardera
que quelques observations générales.

Les grandes puissances ont souvent de la
morgue, de la hauteur, une opinion exagérée
de leur dignité et de leurs forces ; leur ambition et leur ton sont au niveau de cette opinion : elles sont plus portées à la menace qu'à
la justice et aux égards ; le moindre obstacle
les irrite ; la résistance est une offense ; elles
veulent, et tout doit fléchir. Si l'une d'elles
est prépondérante, elle imprime le mouve-

ment qu'elle veut à toutes les autres; elle est le point central de la politique, elle est en quelque sorte l'arbitre de la guerre et de la paix. Ainsi, rien n'est moins compliqué que les ressorts de sa politique : elle n'a besoin d'employer ni l'intrigue, ni la corruption, ni des précautions dispendieuses : il lui suffit d'être juste, de ne porter aucune atteinte aux droits d'autrui, pour maintenir la tranquillité générale. S'il existe une puissance rivale, alors la jalousie, la défiance, souvent la malveillance deviennent le mobile de leur politique, de leurs négociations; et de là résulte une fermentation sourde dans tous les cabinets. Toutefois cet état de choses, tant qu'il ne produit pas d'explosion, assure l'état de paix, et la sûreté des états du second et du troisième ordre.

Ces derniers sont astreints à beaucoup de circonspection, de ménagemens et de réserve; l'ambition leur est interdite; leur marche est subordonnée à celle des grandes puissances; il leur importe de capter la bienveillance de celles-ci, et de les tenir dans un état continuel de défiance et de jalousie entre elles. Leur intérêt réel et permanent, si d'autres circonstances ne leur font la loi, doit déterminer leurs alliances qui, si elles sont mal combinées, peuvent les compromettre, et les exposer aux plus grands dangers, par le défaut des secours sur lesquels ils auraient imprudemment compté. Le parti le plus sage et le plus rassurant que puissent prendre les états du second et du troisième ordre (sauf des conjonctures extraordinaires), est de ne point se jeter dans le tourbillon dans lequel se meuvent les grandes puissances, et, forcés de prendre un parti, de s'attacher au plus fort : leur justification est dans leur impuissance. Ils doivent se contenter du simulacre de l'indépendance, et surtout ne point se ruiner en entretenant très inutilement des places fortes et un pied de troupes qui excède leurs facultés et ruine le pays. Si, en temps de paix, ils reçoivent un subside, ils ne sont plus neutres ni maîtres de leurs actions : ils sont dans la classe des protégés.

§ 13.

Mais à quoi peuvent servir les principes, la sagesse, la prudence à l'égard des gouvernemens qui les abjurent; dont l'intérêt personnel, le caprice ou une ambition exagérée dirigent toutes les actions; pour qui la prospérité d'autrui est un tort irrémissible; à qui le repos est à charge ; qui ne se complaisent que dans les agitations, dans le tumulte des armes, et dans un ébranlement général? C'est lorsque ce phénomène désastreux se présente, que la politique a besoin de réunir tous ses moyens, toutes ses ressources. Si les nations menacées demeurent isolées, elles sont bientôt conquises, envahies ; elles disparaissent les unes après les autres, selon le gré du vainqueur. Le seul remède que leur offre la politique, c'est-à-dire l'intérêt de leur conservation, c'est la réunion franche et non simulée de leurs efforts pour s'opposer au torrent qui menace de les submerger (4).

C'est à des circonstances analogues à celles que je viens d'indiquer, je veux dire à l'ambition rivale des maisons de Bourbon et d'Autriche, à l'agitation qu'elle a répandue dans toute l'Europe, qu'est dû le *système d'équilibre* qui est devenu le mobile principal de la politique européenne ; et c'est ce système (dont nous parlerons tout-à-l'heure *) qui a produit les nombreuses alliances conclues dans la vue d'arrêter alternativement les en-

---

* V. § 19.

treprises de ces deux puissances. Cette position, qui s'est compliquée par l'intervention successive de la Grande-Bretagne, de la Russie et de la Prusse, a donné de l'énergie à toutes; elle a multiplié les ressorts de la politique, et ces ressorts se sont maintenus dans cet état de tension; c'est la défiance, la jalousie, la crainte, et par dessus tout, une ambition rivale, qui les ont mis en mouvement; la confiance et la bonne foi, en rendant la sécurité à l'Europe, pourraient seules les relâcher. Mais ne nous y trompons point, les grandes puissances de l'Europe, malgré leurs paix et leurs protestations d'amitié, ne cesseront de se jalouser et de se surveiller; les puissances d'un ordre inférieur ne cesseront de vivre dans la crainte et dans la dépendance : voilà en masse le tableau de la politique européenne; voilà le canevas de toutes les négociations, de toutes les intrigues, de toutes les guerres; voilà, en un mot, le résultat, on pourrait presque dire le chaos, qu'offre l'histoire moderne.

§ 14.

La conduite à tenir par un gouvernement qui n'a ni ambition, ni vues de conquêtes, et qui veut se maintenir dans l'état de paix, sans porter atteinte à sa considération, présente beaucoup de problèmes : et il est difficile, même impossible de les résoudre tous. Aussi me bornerai-je à exposer ceux qui semblent mériter une attention particulière. Nous n'entendons parler que des états du premier et du second ordre.

1° La plus essentielle des choses requises, est qu'un état soit bien constitué; qu'il règne de l'harmonie entre l'autorité et les sujets; qu'il y ait unité de principes et d'action dans la marche du gouvernement; que les finances soient dans un tel état qu'elles puissent offrir des ressources faciles et promptes dans tous les cas imprévus : tout état qui pèche de ce côté ressemble au lion malade; et il est bien heureux si, l'illusion cessant, on le laisse tranquille, et s'il en est quitte pour être sans considération et sans influence. Ou si, pour dissimuler sa détresse, il fait des efforts extraordinaires, ils peuvent sans doute lui donner un moment d'éclat; mais la défaillance les suivra de près, et ils n'auront servi qu'à mettre plus à découvert la faiblesse de l'état.

2° Un gouvernement qui veut la paix

(même celui qui ne la veut pas et qui ne cherche qu'à tromper) doit bien établir l'opinion de sa bonne foi, parce que de là naît la confiance, qui doit être l'ame des rapports d'état à état.

3° Il faut que deux nations qui ont des rapports soit politiques, soit commerciaux, puissent compter sur l'intérêt qu'elles se sont promis, et qu'elles doivent prendre à leurs avantages mutuels. Ceci présuppose que ces rapports sont fondés sur des principes solides, et non sur des circonstances transitoires.

4° Les grandes puissances doivent écarter avec soin tout ce qui manifesterait de la prépotence, et pourrait humilier une puissance inférieure : la dignité est égale entre nations indépendantes : il n'en coûte déjà que trop à l'amour-propre d'avouer l'inégalité de puissance et de rang.

5° Il faut, à l'égard de toutes les nations, puissantes ou faibles, amies ou non, être juste; mais il faut se refuser, à l'égard des premières, à tout acte de complaisance qui pourrait compromettre en indiquant de la faiblesse; comme, à l'égard des dernières, à tout acte de rigueur et d'indifférence.

6° A l'égard de ses alliés, il faut être fidèle

à toute épreuve à ses engagemens : mais il faut savoir résister à des exigences injustes, au risque même de rompre l'alliance : la crainte de la défection sera souvent plus efficace que ne le seraient toutes les exhortations possibles (5).

7° Lorsqu'il s'agit de contracter une alliance que les circonstances rendent non seulement utile mais même nécessaire, il ne faut considérer que le besoin du moment : mais si rien ne la commande, ou si elle n'a qu'un objet éloigné et indirect, elle exige les réflexions les plus sérieuses ; voici les principales :

Il faut considérer l'intérêt réel et permanent de l'état : sa position présente et possible dans l'avenir, les ennemis qu'il peut avoir à craindre, les secours dont il peut avoir besoin, ses ressources pour les payer, la facilité de les recevoir. Il faut, d'un autre côté, bien calculer les secours qu'on est en état de fournir à l'allié, les moyens de les faire parvenir à leur destination, les dépenses qu'ils peuvent occasioner.

Ensuite, il est nécessaire d'examiner la position géographique et politique de la puissance avec laquelle il s'agit de prendre des engagemens : sa force, ses ressources, ses contacts et ses rapports avec d'autres puissances ; les guerres auxquelles elle peut être elle-même exposée, la nature, l'étendue et les conséquences des garanties qu'il s'agit de stipuler, le caractère du souverain et de son conseil, la nature et les principes fondamentaux de son gouvernement, les maximes politiques qui doivent naturellement en résulter.

De plus, il faut bien discuter et analyser les conditions proposées, non seulement pour le moment présent, mais aussi pour l'avenir ; si elles sont onéreuses, il faut combiner les charges avec les avantages ; si celles-là l'emportent, l'alliance doit être rejetée (6).

Il faut encore s'assurer si l'alliance peut porter atteinte à la considération (7) ; si elle peut gêner les rapports d'autres puissances ; si elle est de nature à en blesser une, à lui inspirer le désir de la rompre, ou de la rendre illusoire (8) ; si cette même puissance a les moyens d'y réussir, et si son intérêt à cet égard est tel qu'elle se portera jusques à courir les risques de la guerre.

Enfin, si une alliance est sans utilité directe, il faut examiner si elle en a une indirecte : par exemple, si, dans le cas où nous ne la contracterions pas, une puissance rivale aurait de l'avantage à se mettre à notre place; dans ce cas, il faut la prévenir et conclure (9). S'il n'existe aucun genre d'utilité, et surtout si elle n'est pas fondée sur un intérêt commun, l'alliance serait une imprudence, parce qu'elle manifesterait plus de vaine gloire que de sagesse; sans compter les embarras qui pourraient en résulter.

§ 15.

Ici se présente une question aussi importante qu'elle est délicate et compliquée : on demande si, généralement parlant, il convient de contracter des alliances.

Le système des alliances doit son origine à l'ambition; d'un côté on a formé des liaisons pour attaquer, de l'autre, pour se défendre. La jalousie, la méfiance, la crainte, qui troublent si fréquemment les relations des peuples, ont la même source et produisent le même résultat. Quand la crainte vient d'un seul point, les calculs ne sont pas compliqués; on cherche le remède, on le trouve chez toutes les nations à qui le danger est commun, et à qui, par conséquent, il importe d'en détruire la cause : rien n'est plus naturel et plus simple que les alliances résultant de cette

communauté d'intérêts. Mais lorsque la
crainte a plusieurs causes existantes dans des
points opposés et qui se croisent, alors la
question se complique, et alors aussi com-
mencent les probabilités, les convenances, les
intrigues, les faux calculs, les erreurs. Ce peu
de mots est l'esquisse de la politique de l'Europe depuis le règne de l'empereur Charles-
Quint. L'ambition de ce monarque, perpétuée
dans sa maison; celle de Louis XIV; la rivalité et la prépondérance maritime de l'Angleterre; l'indépendance des Provinces-Unies;
les successions d'Espagne et d'Autriche; les
établissemens d'outre-mer; deux puissances
nouvelles dans le Nord; les relations com-
merciales; plusieurs autres circonstances se-
condaires: telles sont les causes qui ont multiplié, compliqué, embarrassé les ressorts de
la politique moderne, qui ont enfanté tant de
négociations, d'intrigues, d'alliances, de con-
tre-alliances, de traités, de subsides, de guerres, de paix, etc., etc.; et tel était encore le
chaos où se trouvait l'Europe à l'époque de la
révolution française. Cette révolution le dé-
brouilla en provoquant dans l'univers entier
la dissolution de l'ordre social. La politique
aussi monstrueuse qu'incohérente de ses ex-

travagans conducteurs frappa toutes les puissances : elles oublièrent, ou au moins suspen-
dirent leurs jalousies et leurs vues particulières, pour s'opposer en commun à la flamme
qui menaçait de les dévorer toutes. Rien assurément n'était plus simple dans le principe,
que leur motif et leur but ; et, sans doute,
rien n'était moins compliqué que leurs premiers engagemens ; mais ils ne tardèrent pas
à l'être ; et la diversité des opinions, des si-
tuations, des vues, des prétentions causèrent
bientôt de la divergence dans les idées et
dans la conduite des alliés : cette conduite,
dont le développement serait prématuré, influa sur les destinées de l'Europe, et particulièrement sur celle de la France. C'est dans la
position actuelle de toutes les puissances, c'est
dans leurs principes, dans leurs intérêts respectifs qu'il faut puiser la solution du problème
proposé.

§ 16.

Sans contredit, si la politique des grandes
puissances était essentiellement pacifique; si,
abjurant toute espèce d'ambition, toute vue
d'agrandissement, elles fondaient leur conduite sur la seule justice; si, se pénétrant de

cette grande vérité, que *la prospérité des nations est incompatible avec l'état de guerre*,
elles ne s'occupaient que de leur régime intérieur, qu'à faire fleurir la culture, l'industrie et le commerce: certes, rien ne serait plus
inutile que les alliances, parce que, heureu-
sement, elles seraient sans objet ; car, d'un
côté, les puissances supérieures n'auraient
aucun motif d'augmenter leurs forces, d'entretenir des armées ruineuses; et, de l'autre;
les puissances du second et du troisième ordre auraient une sécurité qui rendrait une
alliance protectrice superflue. Mais aussi long-
temps que durera la défiance, c'est-à-dire aussi long-temps que l'Europe sera dominée par
de grandes puissances, il est à peu près impossible que le système des alliances ne se
maintienne avec toute sa versatilité , tous ses
embarras, tous ses inconvéniens : en effet, la
jalousie est inhérente à la puissance , dès
qu'elle rencontre un rival. Cette jalousie rend
la politique active , inquiète, soupçonneuse;
elle cherche des adhérens, des amis , et elle
tâche d'en ôter à l'état qui fait ombrage ; elle
se livre à des insinuations insidieuses pour
le rendre suspect ; en un mot, elle fait une
guerre sourde, que le moindre incident peut

transformer en une guerre ouverte. Telle est, et telle sera long-temps la marche politique des puissances de l'Europe.... Et j'en conclus que le problème proposé doit être mis au nombre des questions oiseuses, comme la paix perpétuelle de l'abbé de Saint-Pierre.

§ 17.

Je ne puis cependant m'empêcher de dire que la manie des alliances est, en elle-même, une grande erreur politique : en effet, elles entraînent avec elles beaucoup d'inconvéniens, à cause des garanties qui en sont le principal objet : d'ailleurs, elles exposent souvent une nation à la guerre pour des querelles étrangères, dont l'objet est sans intérêt pour elle, ou bien la compromettent, si elle n'élude les engagemens. D'un autre côté, l'intérêt propre est toujours calculé avant les engagemens, même les plus sacrés : la question du *casus fœderis* a souvent rendu illusoires les alliances les mieux cimentées; et un mécompte à cet égard peut avoir des conséquences incalculables. Enfin une alliance mal combinée peut empêcher souvent d'en contracter d'avantageuses au moment du besoin.

Nous croyons devoir ajouter ici une réflexion fondée sur l'expérience. Les alliances défensives ont pour principe la conservation: ainsi on n'en contracte ordinairement qu'autant que les deux parties ont un intérêt commun à leur conservation respective. Or cet intérêt ne résulte point de l'alliance: il est dans la nature même des choses. Par conséquent il existe indépendamment de l'alliance. Donc les deux états n'en ont pas besoin pour se secourir mutuellement ; l'alliance est donc évidemment une précaution surérogatoire. Si, au contraire, l'intérêt commun n'existe pas, elle est inutile, parce qu'elle est sans objet; elle est de plus une gêne, parce qu'elle peut contrecarrer d'autres mesures politiques; enfin, elle est dangereuse, parce qu'elle peut facilement être éludée d'une part, tandis qu'on s'y fie de l'autre. Que de moyens n'a pas la politique pour interpréter le *casus fœderis!* Ce que nous disons de l'intérêt commun est considéré comme une maxime fondamentale de la politique, depuis que le système d'équilibre est devenu l'objet de la plupart de ses opérations. Et c'est principalement sous ce rapport, comme nous le faisons observer ailleurs, que ce système est utile, en ce qu'il peut arrêter, jusqu'à un certain point, les envahissemens arbitraires et les guerres d'ambition.

Il est une espèce d'alliance particulière que l'on appelle *coalition*. C'est la ligue de plusieurs états contre un ennemi commun. Une pareille union, provoquée par des circonstances extraordinaires, est, la plupart du temps, formée à la hâte et sans examen approfondi soit des moyens, soit des vues, soit des conséquences : on est trop pressé d'agir pour prendre le temps de mûrir le plan qu'il conviendrait de suivre. Aussi l'expérience prouve-t-elle que toutes les coalitions sont posées sur des bases vicieuses ; et cette vérité est sensible. Il règne toujours entre les coalisés plus ou moins de défiance, parce qu'il est impossible que leurs intérêts, comme leurs vues, soient identiques , et que leur position soit la même relativement à la puissance qui est l'objet des craintes communes. Ainsi, chaque coalisé a ses vues secrètes, ses restrictions mentales : par conséquent, il y a divergence dans la marche politique, et de l'embarras dans les opérations militaires. Ce défaut d'un concert parfait donne lieu à de fausses opérations, et à des échecs; celles-ci produisent des mécontentemens, de l'humeur, des reproches; de part et d'autre on abandonne insensiblement l'intérêt commun, c'est-à-dire la base et le but de l'alliance, et chacun ne s'occupe que de son intérêt personnel. C'est de là que naissent la tiédeur, les défections et les traités séparés. Cette marche, prouvée par l'expérience, donne de grands avantages à la puissance contre laquelle est formée la coalition.

La conclusion que l'on peut tirer de ce qui vient d'être dit, est 1° que pour se liguer, se coaliser avec quelque espoir de succès, il faut que le danger soit tellement commun qu'il y ait l'identité la plus absolue dans les intérêts respectifs ; 2° qu'il y ait un centre commun, mais unique, tant pour la marche politique que pour les opérations militaires ; 3° que la fidélité et la persévérance soient à toute épreuve. Sans ces trois conditions fondamentales les coalitions ne sauraient atteindre le but proposé.

Quant à la puissance qui lutte contre la ligue, elle a l'avantage d'être maîtresse absolue de toutes ses opérations, tant politiques que militaires ; et si ses forces ne suffisent pas pour combattre ses ennemis, elle a la ressource de temporiser, de négocier, et de tout attendre du bénéfice du temps, c'est-à-dire de

la division qu'elle aura eu l'adresse de semer
parmi ses ennemis, soit par des succés partiels,
soit par la persuasion, soit par la corruption.
Un souverain qui sait habilement employer
ces moyens, triomphera de toutes les coalitions, quelque menaçantes qu'elles puissent
être, à moins que le mal qu'on craint ne soit
supérieur à toutes les considérations de l'in-
térét personnel. Et, dans ce cas même, le souverain menacé ne doit point désespérer, parce
que tout ce qui dépend de la volonté humaine
est un problème, surtout lorsqu'il faut le concours de plusieurs volontés. Que d'exemples
ne nous fournirait pas l'histoire, pour prouver et développer ce que nous venons de dire!
Nous nous bornerons à en rappeler de très
modernes: savoir la ligue formée contre Louis
XIV, au sujet de la succession d'Espagne;
celle contre l'impératrice Marie-Thérèse, à la
mort de Charles VI; celle contre Frédéric II,
la guerre de 1756. L'avenir nous apprendra
le résultat définitif de celle que, de nos jours,
l'Europe a opposée à la France, et contre laquelle celle-ci lutte encore.

§ 18.

Dans le langage habituel de la diplomatie,

on parle d'alliances *naturelles* et d'alliances *contre nature*. Nous pensons qu'il peut y avoir quelque utilité à analyser ces deux expressions.

Nous avons déjà dit que l'ambition a produit la crainte, et que la crainte a produit les alliances; elles n'ont jamais eu et n'auront jamais d'autre mobile. Le principe de la crainte, bien ou mal fondée, c'est le sentiment de propre conservation : voilà, en dernière analyse, le but final de toutes les alliances défensives. Or tout ce qui tend vers ce but est dans la marche naturelle des choses; par conséquent, on peut dire en général, que toutes les alliances défensives sont *naturelles*, dans le cas même où les parties contractantes auraient d'ailleurs des intérêts contraires, résultans, soit de leur position, soit de leurs prétentions, soit de leurs vues respectives.

Pour éclaircir ce qui vient d'être dit, posons l'hypothèse suivante. Deux nations sont voisines, elles ont des démêlés de limites, de commerce, etc.; mais un voisin ambitieux et plus puissant encore menace l'une d'elles; celle-ci court le risque d'être subjuguée; et si cela arrivait, l'autre serait exposée au même danger; il est du moins certain que sa puissance relative, par conséquent sa sûreté, serait diminuée. Ainsi leur intérêt est de réunir leurs moyens de résistance et de pourvoir en commun à leur salut : assurément il ne saurait y avoir d'alliance plus naturelle, quand même, ce qui est probable, elle ne durerait pas au-delà du danger. Mais ce n'est point ainsi qu'on entend ordinairement le mot *alliance naturelle*. On donne cette dénomination aux alliances que contractent deux puissances qui, n'ayant aucun contact, ne peuvent avoir aucun démêlé direct, entre qui par conséquent la bonne intelligence ne saurait être troublée.

Mais il est évident que cette explication est incomplète : en effet, deux puissances, quoique éloignées, peuvent avoir des intérêts indirects très opposés ; et l'on sait que cette espèce d'intérêt a, la plupart du temps, et doit avoir autant de poids que les intérêts les plus directs. Il faut, dans ce cas, qu'ils soient conciliés, sinon l'alliance ne serait rien moins que naturelle : elle ne serait qu'un engagement éphémère, qu'un vain simulacre (10). Le lecteur lui-même fera facilement l'application des deux hypothèses que nous venons de lui présenter, et il en conclura peut-être que les puissances européennes offrent peu d'élémens pour les alliances naturelles comprises dans le sens vulgaire, et qu'il n'y en a que trop pour celles que nous avons désignées sous cette dénomination.

Avant d'aller plus loin, nous ferons remarquer que lorsque la politique est fondée sur la justice et la sagesse, les alliances les plus naturelles sont celles entre états voisins; en effet elles détruisent la défiance réciproque, et procurent la sûreté, qui doit être le mobile de tous les engagemens entre nations : la contiguité des pays alliés les dispensent de cette surveillance qui ressemble toujours à un véritable état hostile, et en même temps elle accroît leurs forces par la facilité de les réunir contre un ennemi commun. Le pacte de famille offrait une alliance de cette nature. Il était certainement plus utile de pouvoir dire, *il n'y a plus de Pyrénées*, que de couvrir les deux frontières de forteresses et de troupes.

Quant aux alliances *contre nature*, elles sont également plus difficiles à déterminer. On a donné ce nom à des alliances défensives, parce qu'elles n'étaient point dans la routine ordinaire de la politique : c'est ainsi que les Anglais ont nommé *unnatural*, l'alliance con-

clue en 1756, entre les cours de Versailles et
de Vienne. Les Anglais regardaient la rivalité
entre la France et la maison d'Autriche, comme
indélébile, comme inhérente à la nature des
choses : elle était en effet depuis long-temps
la base de tout le système politique de l'Europe. L'alliance dont il s'agit changea totale-
ment toutes les combinaisons et tous les rapports ; mais, considérée dans son motif et dans
les circonstances qui l'amenèrent, elle n'était
rien moins que contre nature : l'Angleterre
avait provoqué la guerre sous de vains prétextes, et la France pouvait méditer l'invasion
de l'électorat de Hanovre. A cette époque, la
bonne intelligence existait entre les cabinets
de Versailles et de Berlin ; on négociait même
une alliance et la réconciliation du roi de
Prusse avec la cour de Saint - Pétersbourg ;
mais, au milieu de ces négociations, Frédéric II
traita brusquement avec celle de Londres, et
lui donna en secret un acte de garantie pour
l'électorat de Hanovre : voilà la cause primitive de l'alliance de 1756 ; les intrigues re-
prochées à la cour de Vienne ne servirent au
plus qu'à la faciliter, et en hâter la conclusion.
Quant aux fautes qui l'ont suivie, elles exigeraient un développement qui est du ressort

de l'histoire. Nous observerons seulement qu'elles n'ont point été l'effet nécessaire du traité, mais bien de l'abus qu'on en a fait.

Pour réduire le mot dont il s'agit à sa juste valeur, nous disons qu'il n'y a d'alliances contre nature, tant offensives que défensives, que celles qui sont directement contraires, non à la convoitise, mais aux véritables intérêts d'un des contractans; ou celles qui ont pour objet d'attaquer et de dépouiller un tiers, sans d'autres motifs que ceux que peuvent suggérer l'ambition et la force.

§ 19.

Il me reste à parler du *système d'équilibre*, de ce système si vanté d'un côté, et si critiqué de l'autre; qui, malgré les défectuosités qu'il peut offrir, malgré les fausses applications qu'on ne cesse d'en faire, est la base de la politique des puissances qui désirent la paix, tandis qu'il est ou un prétexte ou une gêne pour les puissances ambitieuses qui veulent dominer; de ce système qui sert de refrain dans toutes les transactions, dans toutes les négociations politiques, et qui, enfin, est devenu une partie intégrante du droit des gens, étant fondé sur le principe de propre conservation bien ou mal appliqué (11).

On peut supposer que depuis que les hommes sont partagés en sociétés particulières, indépendantes les unes des autres, jamais l'harmonie n'a été durable entre elles. En effet, mille circonstances ont dû constamment la troubler; l'inquiétude naturelle à l'homme, son inconstance, ses besoins vrais ou factices, la jalousie, l'accroissement d'une association, ses entreprises sur ses voisins, l'ambition des chefs respectifs, voilà une faible partie des causes qui durent diviser les associations, pour ainsi dire dès leur berceau, et établir entre elles l'état de guerre. Cet état destructeur de la tranquillité et du bonheur des hommes, parcourut tous les âges, toutes les contrées habitées du globe; il s'est maintenu sans interruption jusqu'à nos jours, et il durera probablement jusqu'à la fin des siècles.

L'état de guerre changea insensiblement tous les principes, tous les rapports; au lieu de servir, comme dans son origine, et conformément à son institution primitive, à venger une offense, à faire cesser une usurpation, il introduisit le droit de conquête et la servitude; il fomenta l'ambition, la plus violente de toutes les passions; il sema l'esprit de discorde et de haine parmi les différentes associations; il rendit l'homme plus méchant, parce qu'il l'accoutuma à la rapine, à la licence et au carnage; les vainqueurs soumirent les vaincus à leur pouvoir, et leur imposèrent des lois arbitraires; l'ambition s'accrut avec la puissance, la force et les succès; l'autorité, ce sentiment si flatteur pour l'amour-propre, entraîna les chefs; ils ne combattirent plus pour la sûreté, le bonheur de la société qu'ils gouvernaient; ils n'employèrent leur autorité et leurs armes que pour soumettre tout ce qui était à leur convenance. De là ces conquérans fameux par leurs exploits et leurs ravages; de là enfin ces grands empires dont l'histoire a conservé le souvenir, et dont nous ne connaissons que les noms et les débris.

Ces empires se détruisirent successivement les uns les autres; celui de Rome fut écrasé par son propre poids. Les états, qui, en Europe, se formèrent de ses ruines, ont depuis sa chute subi bien des vicissitudes.

Dans ces temps reculés il n'existait à-peu-près d'autre politique que celle des grands empires, et cette politique avait pour unique objet d'envahir; les peuples n'avaient de

rapports entre eux que les armes à la main.
Les petits états, faute de prévoyance et de
concert, n'échappaient que par leur nullité, ou
par une servile soumission. Charlemagne, lui-
même, se conduisit à l'égard des autres nations plus en conquérant qu'en politique prévoyant : sa puissance colossale disparut avec
lui, et durant plusieurs siècles les différens
peuples de l'Europe furent plus occupés à
s'affermir, à se faire des guerres de voisinage,
ou à comprimer des troubles intérieurs, qu'à
établir entre eux des rapports politiques, fondés
sur l'avenir autant que sur le présent. Aucune
puissance prédominante n'existant, après la
mort de Charlemagne, la crainte inspirée par
les grands empires avait disparu ; il n'y avait
donc point de précaution à prendre pour s'en
garantir. L'Allemagne et l'Italie étaient déchi-
rées par des factions intestines et par des querelles avec la cour de Rome ; la France était
faible par l'incohérence de ses provinces, par
la bizarrerie du régime féodal, et par les
guerres domestiques qui en étaient les conséquences. Louis XI tira enfin ce royaume pour
ainsi dire du néant, et lui donna de la consis-
tance ; mais il n'existait encore sous son règne aucun système, aucune politique certaine

au dehors : les rapports étaient faibles, éphé-
mères et déterminés seulement par des circonstances passagères. Louis n'eut de querelles sérieuses qu'avec ses grands vassaux, et
passagèrement avec l'Angleterre, qui, de son
côté, était déchirée par des troubles intestins.

Ce n'est enfin que sous Charles-Quint et
François Ier que la politique moderne commença à naître : la rivalité de ces deux monarque l'enfanta. La puissance et l'ambition du
premier commencèrent à donner l'éveil, et
produisirent quelques alliances ; mais elles ne
furent encore que de circonstance. La puissance austriaco-espagnole éprouva, sous Philippe II, une première atteinte, par le soulève-
ment des Pays-Bas. L'Angleterre et la France
saisirent cette occasion pour affaiblir la prépondérance de la maison d'Autriche qui, outre ses domaines allemands, occupait la monarchie espagnole avec ses riches et vastes
possessions d'Amérique. Tandis que l'Espagne
était attaquée dans la Belgique, les querelles
de religion, amalgamées avec les querelles politiques, fournirent une seconde occasion de
porter atteinte à la puissance autrichienne
dans l'Empire : tout le monde connaît l'his-
tre de la guerre de trente ans, ainsi que les

traités de Westphalie qui l'ont terminée. On conçoit facilement que les pertes de la maison d'Autriche ne servirent qu'à maintenir l'esprit de rivalité entre elle et la France : cette rivalité fut augmentée par le développement de la puissance de Louis XIV, et surtout par les succès de ce monarque. C'est là la véritable époque de la naissance du système d'équilibre. Ainsi, ce système dont les élémens existaient depuis François Ier, et qu'il ne s'agissait plus que de développer et fixer, est dû à l'alarme que la maison d'Autriche, et ensuite la Hollande, placée au rang des puissances, et oubliant les services de la France, affectèrent de répandre contre Louis XIV.

L'Angleterre, déchirée par des factions fut long-temps sans prendre une grande part aux querelles du continent. Élisabeth eut le loisir de s'en occuper, de concert avec Henri IV. Cromwel ensuite y donna son attention; mais elle se fixa particulièrement sur la Hollande et sur l'Espagne. Depuis la restauration de Charles II jusqu'à l'avénement de Guillaume III, la politique anglaise fut flottante et suivit en grande partie l'impulsion que lui donnait le cabinet français. C'est à cette dernière révolution qu'il faut rapporter l'époque de la rivalité, on peut même dire l'animosité entre la France et la Grande-Bretagne ; elle fut l'ouvrage de la haine que le nouveau roi d'Angleterre portait à Louis XIV, et qu'il fit partager aux Hollandais, au préjudice de leur tranquillité et de leurs véritables intérêts. Cette rivalité ne s'est point démentie un seul instant ; depuis lors, elle a fait couler des torrens de sang ; et il faut la considérer à peu près comme indélébile, et par conséquent comme la base de la politique des deux puissances. Elle éclata sous le masque de l'équilibre, lors de l'ouverture de la succession d'Espagne, et surtout à la mort de l'empereur Charles VI. La paix de 1748 consolida une nouvelle puissance dans le Nord, celle de la Prusse : la Russie, tirée de la barbarie par Pierre-le-Grand, avait déjà pris un rang distingué parmi les puissances de l'Europe. L'intervention de ces deux états changea nécessairement tous les rapports politiques. Il fallut donc de nouveaux calculs ; il fallut refondre le système d'équilibre, pour établir une nouvelle balance. La France, placée dans un des bassins, chercha des alliés pour contre-balancer l'Angleterre placée dans l'autre ; les deux puissances étaient les points de ralliement des deux partis. Il importait à l'Angleterre de maintenir le continent dans un état de défiance à l'égard de la France, et de se tenir en mesure de susciter la guerre contre elle. La France, de son côté avait intérêt de s'assurer de la tranquillité du continent, afin de n'avoir aucune diversion à craindre. Des événemens, dont il serait inutile de rapporter ici les causes, changèrent encore l'ordre de choses qui s'était établi d'après la paix d'Aix-la-Chapelle : l'alliance inattendue des cours de Versailles et de Vienne (1756), et, quelques années après, le pacte de famille (1761) amenèrent de nouvelles combinaisons; et les événemens successifs, jusqu'en 1789, offrent les résultats variés des négociations, des alliances, des changemens que ces mêmes combinaisons ont produits : je passe sous silence celles qu'a successivement occasionées la révolution française, de même que celles que produiront les deux traités qui viennent enfin de rendre le calme à l'Europe (12).

§ 20.

Le précis que je viens de faire me semble suffisant pour indiquer le principe et le but de *l'équilibre* politique, ainsi que les variations fréquentes qu'il a éprouvées. Si les états du second et du troisième ordre pouvaient se dégager de leur intérêt exclusif, de leurs affections, de leur préventions, les calculs pour établir un juste équilibre seraient peut-être possibles. Mais l'égoïsme, un intérêt du moment, la défiance, la jalousie ou enfin le défaut d'énergie et de caractère, servent généralement de base à toutes les combinaisons politiques ; et souvent, pour satisfaire un léger avantage personnel, ils sacrifient l'intérêt commun et exposent l'Europe à des commotions plus ou moins prochaines, ou, pour mieux dire, ils s'abandonnent à la merci de l'ambition ou du désintéressement des puissances prépondérantes. Quoi qu'il en soit, et malgré les vicissitudes auxquelles l'équilibre de l'Europe est inévitablement exposé, il n'en produit pas moins un avantage sensible, en ce qu'il peut arrêter, jusqu'à un certain point, par la crainte et les risques de la guerre, les puissances qui seraient tentées ou de le détruire, ou d'abuser de leur prépondérance ; et que, par conséquent, s'il ne prévient pas toutes les entreprises de l'ambition et de la force, il peut servir, du moins, à en diminuer les écarts.

Outre l'équilibre général de l'Europe, cha-

que état en cherche un qui le concerne personnellement et qui est déterminé par sa position géographique (13). Un souverain du
troisième ordre observe attentivement les forces, les rapports et le système de ses voisins :
si ceux-ci sont en égalité avec lui, il n'a sans
doute aucune surprise à craindre; mais s'ils
sont plus forts, il doit se rallier à eux, ou, s'il
ne le peut, chercher ailleurs un point d'appui propre à garantir sa sûreté. Mais c'est là
le point de la difficulté ; c'est là ou la prudence doit avoir tout son développement, où
l'expérience seule peut tracer la route à suivre : c'est là enfin où les simples spéculations,
et surtout la précipitation, peuvent devenir
funestes, en donnant une sécurité illusoire,
ou en imposant des obligations dangereuses.

Le rôle des puissances du second ordre est
moins compliqué; par conséquent leurs déterminations sont plus faciles. Elles mettent
un trop grand poids dans la balance, pour
que leur déplacement ne cause pas un ébranlement quelconque, pour qu'il ne change pas
plus ou moins l'ensemble du système politique de l'Europe. Ainsi, ces puissances, si
elles sont attaquées ou menacées, sont sûres
de trouver de l'appui, lors même qu'il ne leur

est pas assuré d'avance par des traités; d'un autre côté, elles sont en général tellement constituées, qu'elle n'ont aucune surprise à craindre, qu'elles sont maîtresses de leurs déterminations, et qu'avec de la sagesse et surtout de la prévoyance, elles peuvent être dans la plus grande sécurité: j'appelle *sagesse* surtout le renoncement à tout projet d'envahissement; et, *prévoyance* l'attention la plus sérieuse aux conséquences des événemens présens ou probables.

De ce qui vient d'être dit il résulte que les puissances du second ordre ont par elles-mêmes une influence sensible sur la balance politique; que la direction qu'elles prennent doit la faire pencher plus ou moins d'un côté ou de l'autre, ou la maintenir dans un juste équilibre; que par conséquent, rien ne leur importe moins que de prendre des engagemens par des traités anticipés (14), à moins que les circonstances les plus impérieuses ne leur fassent la loi.

A l'égard des puissances du premier ordre, si leurs forces, leurs ressources, leurs moyens se balancent, et si elles n'ont aucune vue ambitieuse, aucun projet d'agrandissement, si la jalousie ne les égare pas, rien n'est plus inutile pour elles que des alliances; car ces puissances maintiennent par elles-mêmes l'équilibre: une alliance peut le déranger; du moins, elle inspirerait nécessairement de la défiance et du soupçon; elle donnerait donc lieu à une contre-marche dont il serait difficile de prévoir les conséquences. Toutefois, il est constant que la juste proportion entre les grandes puissances est difficile à déterminer, surtout depuis que les forces maritimes ont une si grande influence; qu'elles établissent des contacts partout; que le commerce et les possessions d'outre-mer procurent de si grandes richesses; enfin depuis qu'on ne fait plus la paix que lorsque l'épuisement total des finances met dans l'impuissance absolue de continuer la guerre. Une marine nombreuse peut se transporter partout; elle peut établir la guerre partout. L'égalité du nombre de vaisseaux ne constitue point toujours l'égalité de forces; d'ailleurs, des flottes combinées n'équivalent pas à des flottes appartenant à la même nation et animées du même esprit.

Voilà des vérités fondées sur l'expérience: et voilà aussi l'embarras que présente l'équilibre maritime. Je dois m'abstenir de donner un plus grand développement à cet aperçu : je me borne à faire observer que les nations continentales qui sont au nombre des puissances maritimes, si elles veulent établir un équilibré au moins apparent, doivent s'assurer des dispositions du continent, et prévenir par là des diversions qui pourraient les mettre dans l'impuissance de soutenir en même temps une guerre de terre et une guerre maritime (15). La sagesse fera à cet égard plus que toutes les alliances possibles. On sentira la force de cette réflexion en considérant que les alliances les mieux cimentées dépendent toujours plus ou moins des événemens; c'est là une vérité que l'histoire démontre, et qui ne saurait trop être méditée par les conducteurs des nations, quelles que puissent être leur puissance et leurs ressources.

§ 21.

La politique offre une question extrêmement délicate, et sur laquelle les opinions sont d'autant plus diverses, que sa solution dépend de l'interprétation que chacun donne aux principes rigoureux du droit des gens. On demande quelle conduite une puissance est autorisée à tenir lorsqu'il existe des troubles intérieurs chez ses voisins : peut-elle intervenir,

ou bien le principe de l'indépendance lui lie-
t-il impérieusement les mains ?

Le droit des gens nous enseigne que les rapports des nations sont fondés sur leur indépendance réciproque ; que chaque nation est
maîtresse absolue chez elle, et que toute intervention dans ses affaires intérieures détruit
son existence comme nation. Ces principes
sont incontestables ; ainsi il s'agit seulement
de savoir s'ils compriment tellement la politique, qu'il ne lui soit permis, dans aucune circonstance, de les interpréter et de les modifier.

Il semble qu'il est impossible d'astreindre,
invariablement et dans toutes les occurrences
imaginables, la politique à la rigueur des
principes, parce qu'en général la marche des
affaires publiques, comme celle de toutes les
actions humaines, est si compliquée, si variée,
si dépendante de mille incidens imprévus,
qu'il est impossible de la régler toujours et sans
aucune nuance, d'après des principes simples,
fixes et invariables. Je me permets de citer à
cet égard l'exemple qu'offre l'art de guérir. Il
a des préceptes, des règles, des aphorismes :
la doctrine médicinale prévoit tous les cas avec
clarté, et indique le remède avec une préci-

sion presque mathématique ; mais la pratique exige d'autres combinaisons : le médecin trouve partout de la complication résultant de la complexion du malade, de l'influence des élémens, des saisons, des affections morales, et il est presque toujours forcé de changer la méthode simple indiquée par la théorie, sous peine de tuer le malade.

L'application de ce que je viens de dire à la politique semble facile à faire : les principes du droit des gens sont positifs, mais ils ne sont point toujours applicables dans toute leur simplicité : par exemple (et cela nous ramène à notre question), une nation est agitée par des troubles intestins, par la guerre civile ; elle est menacée de sa dissolution : si cet état de choses ne convient pas à une puissance voisine, si elle ne voit aucun intérêt à laisser disparaître une nation, et à profiter de ses dépouilles ; si, en un mot, n'importe par quel sentiment, elle désire que le calme et l'ordre se rétablissent, et si elle intervient même de son propre mouvement pour cette œuvre salutaire, se met-elle dans le cas d'être blâmée? viole-t-elle les devoirs que lui impose le droit des gens? anéantit-elle l'indépendance de la nation qu'elle veut pacifier? Quelques observations suffiront, à ce que je pense, pour répandre du jour sur ce problème. Lorsqu'il n'existe que des troubles, ils peuvent être considérés comme une simple querelle domestique; l'intervention d'un tiers, même appelé, serait une violation gratuite de l'indépendance: elle ne serait admissible que dans le cas où il y aurait un danger manifeste que le voisinage ne rendît le mal contagieux. Dans ce cas, la politique aura pour fondement et pour but la propre conservation : c'est ainsi que, lors d'un incendie, le danger fait abattre des maisons encore intactes, pour arrêter les progrès de la flamme.

Mais si une nation est déchirée par la guerre civile, elle cesse d'être nation * ; car il ne saurait exister de nation sans gouvernement, et toute espèce de gouvernement est détruite par la guerre civile : il n'existe que des partis qui se disputent une autorité qui n'appartient à aucun, que des individus en fureur qui s'entr'égorgent, qui ne connaissent d'autres lois que leurs passions.

Dans une pareille conjoncture, il n'est aucun principe, soit du droit des gens, soit de

____

* V. liv. I, chap. xxviii, § 5 et 6.

la morale la plus stricte, qui défende à un voisin d'intervenir, d'arrêter le carnage, et de ramener les esprits, soit comme médiateur, soit comme arbitre dans la voie de la conciliation et de la subordination? Ne peut-on pas dire qu'une conduite pareille est un acte de bienfaisance, d'humanité; une œuvre conséquente au sentiment de fraternité qui doit lier tous les hommes, et qui, s'il était moins méconnu, sauverait de grands maux au genre humain! Ne le dissimulons point : la politique, quand la force l'appuie, est en général plus disposée à troubler, à envahir, qu'à pacifier. Si donc elle préfère ce dernier parti, il faut avouer qu'elle fait un effort dont la générosité mérite d'autant plus d'être préconisée, qu'elle est un phénomène; et l'on pourra à juste titre dire d'un souverain qui se conduit de cette manière : *ut nec inimici quidem queri quidquam audeant, nisi de magnitudine tuâ* [*].

§ 22.

En traitant des intérêts politiques des nations, des principes sur lesquels ils sont fondés, de la marche à suivre pour les soutenir avec justice et efficacité, on ne saurait se dis-

---

[*] Sall., *Ad. Cæs.*

penser de parler des agens supérieurs à qui la direction de ces mêmes intérêts est confiée ; car c'est, la plupart du temps, de la conduite de ces agens que dépendent les succès ou la non-réussite des vues et des plans du gouvernement. Ainsi le choix de ces mêmes agens est de la plus grande importance, puisqu'enfin c'est par leur sagesse que se maintiennent la tranquillité, l'honneur, la dignité d'une nation, tandis que leurs fautes peuvent la compromettre et l'entraîner dans des démêlés et dans des guerres, dont les résultats sont incalculables. Toutes les parties de l'administration intérieure sont dirigées d'après des règles connues. On exige, on ordonne ; la loi ou l'autorité parlent : les erreurs ne portent ordinairement que sur des individus, et sont presque toujours faciles à réparer. Ainsi dans le cours ordinaire et naturel des choses, il ne faut que de la surveillance ; et dans les cas extraordinaires, la prudence peut appeler à son secours l'autorité et la force : elle n'a point de volonté étrangère à consulter, à ménager, à craindre : c'est une querelle de famille qu'elle doit apaiser.

Il en est tout autrement à l'égard des relations extérieures : on ne peut rien exiger, rien

prescrire : il faut demander, solliciter, négocier, dissimuler. Le moindre mot inconsidéré
peut blesser toute une nation : une fausse démarche, un faux calcul, une combinaison
fausse ou incomplète, une simple indiscrétion,
un écart de l'imagination, peuvent compromettre et la dignité du chef, et l'intérêt national, et la réputation de l'homme qui en est
chargé : il lui est d'autant plus facile de s'égarer qu'il n'a pas de données fixes pour se diriger; qu'il n'a ni lois, ni ordonnances, ni réglemens qui tracent méthodiquement sa conduite, son langage, ses idées; que tout ce qui
le regarde dépend de la trempe de son esprit,
de son instruction, de son expérience, de ses
méditations; que rarement il peut régler ses
déterminations d'après des certitudes; qu'il
est presque toujours obligé de s'arrêter aux
probabilités; enfin, que le moindre incident,
un événement invraisemblable peut renverser
les plans le plus sagement combinés [*].

On peut dire avec vérité que les fonctions
les plus difficiles comme les plus importantes
de l'administration publique sont celles d'un
ministre des relations extérieures : elles le sont

---

[*] V. Montaigne, liv. I, chap. xlii; Charron, liv. III, chap. 1er.

d'autant plus qu'il ne saurait être soumis à aucune responsabilité légale; qu'il n'a d'autre tribunal que son propre sentiment, celui de son souverain, et surtout l'opinion publique, qui établit ou détruit en tyran les réputations; qui punit les empiriques par le mépris, et récompense les hommes de mérite par l'estime et la considération.

On demande s'il faut un homme d'esprit pour conduire les intérêts politiques d'une nation. Il est difficile de faire une réponse précise à cette question, parce que le mot *esprit* n'a pas de sens déterminé, et qu'il ne saurait en avoir, l'esprit variant comme les caractères et les physionomies. Si l'on entend par esprit une imagination vive, ardente, vaste, aussi facile dans les conceptions les plus compliquées que prompte dans l'exécution, qui découvre les rapports les plus éloignés, les plus subtils, les plus imperceptibles; je dis qu'un ministre doué d'un esprit pareil, à côté de bien des avantages, présente de grands inconvéniens en politique, parce qu'il est presque toujours entraîné par son caractère au-delà des bornes posées par les moyens, par le temps, par les circonstances, par la nature même des hommes et des choses; que les obstacles l'irritent et le portent à l'impatience; qu'il veut toujours voir la machine en grand, sans considérer les ressorts divers qui doivent en faciliter ou en arrêter le mouvement; que, la plupart du temps, il méprise, comme au-dessous de son génie, les principes connus, la marche habituelle des affaires, et les conseils du bon sens et de l'expérience; qu'il lui faut toujours un nouvel aliment; que le calme et le repos lui sont antipathiques; que par conséquent l'état de paix lui est insupportable *. Si l'homme doué d'un esprit pareil sait parfois se plier aux circonstances; s'il sait soumettre au calme et à la maturité des réflexions, et calquer sur l'expérience ce que la promptitude de son imagination aura conçu, sans contredit l'inconvénient sera moindre : mais il ne sera point détruit, car il faudra toujours craindre que le caractère prédominant ne reprenne le dessus, comme un ressort comprimé, et que la prudence prolongée ne soit qu'une gêne, une contrainte à laquelle, même sans y songer, un esprit ardent cherche incessamment à se soustraire. Avec un pareil caractère, un ministre

* *Novemdis quam gerendis rebus aptiora.* Quixt. Cvrt., lib. IV.

tient nécessairement tous les autres cabinets
dans un état continuel de défiance, d'agitation et de crainte; on lui supposera toujours
quelque vue secrète : on croira toujours la
tranquillité publique en danger; et de là doivent de tous côtés résulter des erreurs, des
fausses démarches, des événemens directement contraires aux vues du ministre même
qui les aura provoqués *.

Il en est tout autrement d'un homme qui,
sans être ce qu'on nomme dans le monde un
homme d'esprit, un génie, est doué de ce
qu'on appelle un bon esprit, qui à la justesse
dans les idées joint celle du raisonnement;
qui possède la sagacité et les connaissances
nécessaires pour embrasser, démêler et juger
sainement les véritables intérêts de la patrie,
et assez de pénétration pour les combiner
avec ceux des autres puissances, et pour trouver les moyens de les soutenir; qui fonde les
combinaisons sur des principes et non sur le
hasard des événemens ou de la seule convenance; qui est prévoyant dans ses plans, prudent dans sa conduite; et à qui l'expérience
des hommes et des choses sert de guide; qui,

---

* Tel était le fameux, le turbulent cardinal Alberoni.

éclairé par la nature même des choses, fuit les
extrêmes ; qui, enfin, ne connaît d'autre
amour-propre que celui de remplir son devoir, d'autre intérêt que celui de l'état ; qui
sait douter, s'arrêter et revenir sur une erreur.
Un tel ministre aura le véritable *esprit* de son
état ; il ne commettra que des fautes inséparables de la condition humaine et de la versatilité des événemens ; il ne précipitera rien ; il
n'entreprendra point des choses hasardeuses
ou incertaines, au risque d'exposer, sans les
motifs les plus urgens, la tranquillité et la
sûreté de l'état ; il ne se tourmentera point
pour forcer ou précipiter les événemens à
tout risque ; les obstacles, loin de l'impatien-
ter, de l'irriter et de le porter à l'entêtement,
ne serviront qu'à le rendre plus circonspèct ;
toutes les résistances qu'il éprouvera ne seront
pas autant d'offenses ; jamais il ne compromettra, par présomption ou par légèreté, ni la
dignité ni les intérêts de l'état ; jamais il ne
trompera l'attente de son souverain. Il sera
apprécié, considéré ; il inspirera de la confiance ; il aura en sa faveur l'appui inestimable
de l'opinion ; en un mot, son seul nom sera
le garant de la sagesse du gouvernement [*].

---

[*] Sully, Torcy.

A ce que nous venons de dire nous croyons devoir ajouter les remarques suivantes :

Un souverain doit se garder de choisir pour ministres des hommes ou téméraires, ou faibles, ou irrésolus ; car les uns comme les autres nuiraient à ses affaires, et l'exposeraient souvent à de grands écarts. Le téméraire ne calcule ni les circonstances, ni les obstacles, ni les dangers : son ardente imagination l'entraîne : il veut forcer jusqu'à la nature : c'est un volcan qui, dans son explosion, renverse, embrase, détruit tout ce qu'il rencontre dans sa route. L'homme faible, au contraire, voit des obstacles partout ; ils l'effraient, il veut les éviter : ou, s'il a le courage de les contempler, il n'a jamais celui de les affronter, et encore moins de les vaincre : ou, si, enfin, des conjonctures impérieuses le déterminent à faire un effort sur lui-même ; s'il se résout à sortir de son apathie, il n'emploie que des demi-moyens qui, d'ordinaire, sont pires que l'inaction. Quant à l'irrésolu, il voit toujours le pour et le contre sous le même aspect : ce sont deux écueils contre lesquels il heurte sans cesse : il examine, il calcule, il se tourmente : mais les choses accessoires le frappent autant que la chose principale : les dangers comme les avantages, le mal comme le remède se balancent toujours dans son esprit; en sorte qu'il délibère encore péniblement au moment même où l'événement, objet de ses méditations, le surprend, et met un terme à son irrésolution. On peut dire en deux mots que l'homme irrésolu voit tout au travers d'un verre à facettes. C'est aux métaphysiciens à déterminer la cause originaire de ce défaut : quant à moi, je pense que l'ignorance est sa principale source : en effet un homme éclairé dont les conceptions sont nettes, qui a de la rectitude dans le jugement, demeure rarement dans la perplexité : il examine, il calcule, il compare; il sait fixer le but qu'il doit atteindre; mesure les obstacles; les écarte s'ils sont légers, s'y arrête s'ils sont invincibles : les résultats de ses méditations deviennent sa règle; il s'y tient : il est *tenax propositi*. Sans doute il peut se tromper : mais quel est l'homme, quelque éclairé qu'il soit, qui ne peut se trouver dans ce cas, lors même que les événemens dépendent en quelque sorte de lui, à plus forte raison lorsqu'ils dépendent de circonstances qu'il n'est point le maître de diriger? mais dans ce cas même il est au-dessus de tout reproche : les sots seuls le blâmeront, puisque, hors d'état de rien combiner, et ne doutant de rien, ils ne savent juger que d'après les événemens.

C'est surtout à une grande puissance qu'il convient d'avoir un ministre doué de la totalité ou au moins de la plupart des qualités que je viens d'esquisser : en effet, l'influence qu'elle a nécessairement sur les affaires générales est par elle-même un objet de jalousie, d'envie et de crainte ; et ce sentiment pénible, souvent dangereux, ne peut être diminué que par une conduite sage, par l'opinion que la puissance qui offusque est sans ambition ; qu'elle ne prend pour règle que la justice ; qu'elle ne veut porter atteinte ni à l'indépendance, ni aux droits, ni à la dignité des autres nations ; en un mot, qu'elle ne convoite ni leurs domaines, ni leur prospérité. Une grande puissance qui se conduit ainsi, dirigera tous les mouvemens de la politique ; elle sera l'arbitre absolu de la guerre et de la paix.

On est tellement habitué à calculer le caractère, les principes et toutes les qualités d'un ministre chargé de la politique d'un grand état, que son changement est toujours un événement, et qu'on se hâte de rassurer tous les cabinets sur les principes et les dispositions de son successeur.

Mais, aux qualités intrinsèques qui forment ce qu'on appelle un ministre habile, il importe qu'il joigne des formes qui rendent sa personne accessible et agréable; qui, loin de produire la réserve, la gêne, la contrainte et un respect hypocrite, lui attirent la véritable considération, et surtout la confiance.

Toutes ces choses dépendent de son caractère, de ses habitudes, de ses formes, de son éducation. Le chef de la politique n'a de rapports, pour ainsi dire, qu'avec les représentans des autres puissances: indépendamment de ce qui peut leur être dû personnellement, le caractère dont ils sont revêtus exige des égards particuliers; et, y manquer, c'est inspirer de l'humeur, de l'aversion, et souvent provoquer des explications qui sont toujours désagréables, et nuisent autant à la considération qu'aux affaires. Je ne parle point de l'avarice, parce qu'il n'est point permis d'en soupçonner un homme placé dans un poste aussi important et aussi délicat. Si malheureusement un vice aussi honteux, aussi bas, le tourmentait, l'infidélité, la prévarication, en seraient les conséquences inévitables.

§ 23.

J'ai dit plus h... que la politique extérieure
d'un état est la p.....e la plus importante et la
plus délicate de l'administration : il n'en est
aucune en effet qui ait des rapports si variés,
si multipliés, si versatiles, si délicats, si envi-
ronnés de ténèbres et d'écueils, si incertains,
si dangereux dans leurs conséquences. Il résulte de cette vérité que les affaires qui tiennent aux rapports de nation à nation, ne sauraient être trop mûrement pesées, et qu'un
ministre s'exposerait à une grande responsabilité, et l'état à de grands hasards, si, présu-
mant pouvoir s'en rapporter exclusivement,
et dans tous les cas, à ses propres lumières, il
ne s'associait pas des collaborateurs en état
non seulement de l'éclairer, mais aussi de le
suppléer dans le besoin. Cela même ne suffit
point pour sa sûreté, et pour le mettre à l'a-
bri de tout reproche. On ne saurait trop le
dire, le sort de l'état est entre ses mains ; il
est en quelque sorte l'arbitre de la guerre et
de la paix, c'est-à-dire de la prospérité ou de
la ruine de son pays. Il ne saurait donc trop
prendre de précautions pour se prémunir
contre toutes les erreurs involontaires qu'il

pourrait commettre, et contre les reproches de la nation, contre ceux du gouvernement lui-même. La plus sûre est la discussion des grands intérêts de l'état dans un conseil composé d'un petit nombre d'hommes éclairés, sages, mûris par les affaires et par une longue expérience (16). Il importe d'autant plus au souverain lui-même d'avoir un tel conseil, que les résultats des délibérations doivent lui présenter la vérité, et qu'il pourra choisir d'après lui-même, et avec pleine connaissance de cause, les expédiens qu'il jugera le mieux convenir à sa politique. Quelque éclairé qu'il soit, quelque expérience qu'il puisse avoir, ses vues, ses affections, ses préventions, son esprit même, peuvent l'égarer. D'ailleurs, un souverain ayant tout l'ensemble de la machine politique de son état dans sa tête est un être bien rare; et lors même que cela est, il doit encore se défier de lui-même; il ne doit pas moins se défier des insinuations que peut lui faire son ministre, des plans qu'il peut lui proposer, des surprises qu'il peut lui faire, lorsqu'il est sans contrôle, et qu'il croit se mettre à couvert par l'assentiment qu'il aura eu l'adresse d'obtenir.

Il ne faut jamais perdre de vue que la politique ne s'organise point comme une machine : elle est placée plus ou moins dans l'empire des cas fortuits : elle est soumise à la versatilité inhérente à l'esprit humain, aux caprices, aux passions, à la folie des hommes, à l'incertitude des événemens : une mort inopinée, le changement de ministre, des conseils perfides, un moment d'humeur, l'influence d'une maîtresse ou d'un favori, une fausse combinaison, la corruption ; chacune de ces causes peut changer le système et la marche d'un gouvernement ; et son influence altère plus ou moins les rapports de tous les autres gouvernemens, selon que sa puissance est plus ou moins étendue. Si à ces causes multipliées se joignent des vues particulières de la part d'une grande puissance, la politique devient encore plus compliquée, plus incertaine ; elle occasione partout du mouvement et de l'agitation, parce qu'on veut partout se mettre en garde contre l'orage qu'on croit prévoir, et dont on craint l'explosion.

Ces réflexions devraient arrêter ces hommes présomptueux, qui, étrangers aux affaires, et rêvant à leur aise dans leur oisiveté, croient que la politique est une science aussi simple que toutes les autres sciences, et qu'elle est du ressort de tout le monde ; qui ne voient ni difficultés ni embarras ; qui n'admettent aucune excuse pour un revers ; qui prononcent sur les opérations d'un gouvernement, sans avoir la plus légère notion des motifs qui l'ont guidé, ou lui ont fait la loi ; qui croient que la prépotence peut et doit toujours commander ; qui, enfin, ne jugent de la capacité d'un agent politique que d'après les seuls événemens. Qu'on les mette à l'œuvre, ces prétendus *Richelieu*, ces prétendus *Ximénès!* Si on les laisse faire, ils mettront bientôt tout sens dessus dessous ; ils traiteront les affaires comme on jette un dé ; ils ordonneront, ils menaceront, ils bouleverseront tout ; à moins que, revenus de leur folie, ils ne se retirent couverts de confusion par leur ignorance et leur présomption.

§ 24.

Nous croyons devoir terminer cet article par un résumé très succinct des points principaux qu'il renferme. Ces points sont ; 1° les principes fondamentaux ; 2° la matière ; 3° les formes de la politique.

1° Les principes qui doivent servir de règle dérivent du droit des gens originel : ce droit, fondé sur la propre conservation, nous enseigne que les nations doivent respecter leur indépendance et leurs propriétés respectives.

2° La matière de la politique comprend les différens points qu'une nation a à poursuivre pour sa conservation, son indépendance, ses droits; pour sa sûreté, sa prospérité; pour garantir l'une et l'autre contre toute entreprise étrangère.

3° La forme consiste dans la manière d'appliquer les principes et de faire prévaloir les droits qu'on poursuit.

Les principes sont clairs, simples, et leur application offre aux nations une tranquillité imperturbable; mais ils supposent à l'homme plus de vertus qu'il n'en a généralement; ils le supposent sans passions, sans besoins factices, sans jalousie, sans envie, sans ambition, sans convoitise; et cependant ce sont tous ces élémens qui constituent plus ou moins son caractère moral, et qui influent sur ses actions. Les nations suivent la même marche; car ce sont des hommes qui les gouvernent, et ces hommes donnent à l'intérêt national qui leur est confié l'empreinte de leurs affections, de leurs vices ou de leurs vertus, de leurs passions, de leurs vues personnelles.

Ainsi la matière de la politique présente des embarras suivant le caractère qui prédomine dans les gouvernemens, suivant qu'ils respectent ou s'écartent des principes : c'est là ce qui a réglé la politique depuis l'existence pour ainsi dire de l'ordre social ; c'est là la source de toutes les guerres qui ont ensanglanté la terre, et qui l'ensanglanteront jusqu'au retour du chaos universel.

Quant à la forme dans laquelle les intérêts politiques doivent être poursuivis, elle varie selon la nature de ces mêmes intérêts, et plus encore selon la diversité de la position et du caractère des souverains, ou de leurs agens. La dignité et les convenances respectives doivent en être la mesure : mais elles ont des graduations souvent très difficiles à saisir. Les états faibles et qui ne peuvent jouer qu'un rôle subordonné, sont souples, circonspects, endurans; et cela doit être, parce que leur existence est plus ou moins précaire; on ne les aperçoit, pour ainsi dire, que par les reflets qu'ils reçoivent des grandes puissances. Ils guettent le moment de profiter de leur bienveillance ou de leurs fautes pour s'étendre; c'est là le but secret de leur politique dont l'avidité est l'âme. Les états d'un ordre supérieur ont une attitude plus assurée, plus prononcée : ils la calculent d'après leurs moyens et leurs rapports; et souvent ils contractent des alliances uniquement pour se donner du relief; leur langage est conséquent à leur position. Les puissances du premier ordre sont généralement fort réservées les unes envers les autres; mais elles haussent facilement le ton vis-à-vis des états inférieurs : elles sont naturellement portées à calculer leur dignité et leur prépondérance plus que les convenances. Pour déterminer les formes à mettre dans leurs procédés, elles ont deux choses à considérer : elles doivent d'un côté, autant qu'il est possible, faire pardonner leur grandeur, au lieu de l'exagérer; et de l'autre, chercher à se concilier la confiance. Un langage altier aggrave la crainte de l'un, et détruit l'autre. Les démarches des grandes puissances sont trop imposantes par elles-mêmes pour qu'elles ne les adoucissent point par les formes : c'est là le signe caractéristique de la véritable grandeur. Les souverains peuvent supporter un revers, les vicissitudes de la fortune, mais ils ne sauraient supporter l'humiliation, le dédain, le mépris. On n'a jamais fait l'apologie de Louis XIV pour avoir forcé le doge de Gênes de se rendre à sa cour : je passe sous silence les rois menés en triomphe par les conquérans romains. Quand une grande puissance *prie* on sait fort bien qu'elle *veut* : on se règle en conséquence sans avoir l'air de faire un acte de servile obéissance.

DES AGENS POLITIQUES,

Après avoir parlé de la politique en général, nous croyons utile de donner sur ses agens des notions plus étendues que nous ne l'avons fait dans le livre II*, où nous avons dû nous borner à indiquer quels sont à leur égard les principes du droit des gens originel. Nous traiterons ici des objets principaux qui tiennent à ce qu'on nomme le droit public universel, c'est-à-dire aux usages reçus parmi les nations, ainsi que des devoirs et des fonctions des ambassadeurs et autres ministres publics.

---

* V. chap. xiv.

SECTION PREMIÈRE.

§ 1er.

Le droit de nommer des ministres publics avec caractère représentatif, est considéré comme un attribut de la souveraineté : ainsi, dans la règle, il n'appartient point à ceux qui ne sont revêtus que d'une autorité subordonnée, tels que les vice-rois, les gouverneurs. Leur souverain peut bien les autoriser à recevoir et même à envoyer des ministres, mais c'est aux autres souverains à admettre ou à rejeter cette exception, et à en déterminer la forme. Quant à ceux qui, en cas de vacance ou de minorité, prennent les rênes du gouvernement, n'importe à quel titre, leur droit de recevoir ou d'envoyer des ministres publics ne souffre aucune difficulté (17).

§ 2.

On demande si, en temps de paix, on peut refuser un ministre public. Un état qui est dans l'habitude d'en recevoir, ne peut refuser sans blesser la dignité de celui qui envoie; et un refus pareil peut être regardé comme une rupture, s'il n'est fondé sur des raisons plausibles : parmi ces raisons est celle que peut fournir le personnel de l'ambassadeur ou du ministre désigné : elle porte ordinairement moins sur sa naissance que sur ses mœurs, ou sur son caractère, ou sur ses principes. Le premier devoir d'un ministre public est de se rendre agréable, d'inspirer de la confiance, de se faire considérer : si donc un souverain manifeste de la répugnance à le recevoir, il y a de l'imprudence à exiger son admission ; et si, par des circonstances particulières, on lui fait la loi à cet égard, on doit prévoir qu'un ministre désagréable remplira mal sa mission. Il faut bien se pénétrer de cette vérité, qu'un ministre public doit avoir de la considération personnelle, s'il veut qu'on en ait pour son caractère. La nécessité peut forcer de dissimuler, mais cette dissimulation nuit au succès des affaires, comme à la dignité du souverain qui s'obstine à soutenir un agent qui déplaît.

§ 3.

On met aussi en question si l'on peut recevoir un ministre de la part de ce qu'on appelle un *usurpateur*. Quiconque exerce l'autorité souveraine dans un état, n'importe sous quel titre, si la nation l'avoue, a le droit d'exercer également à l'égard des étrangers tous les droits qui y sont attachés : la raison en est que ceux-ci ne sont point juges du régime intérieur d'une nation, et qu'il suffit que le chef exerce l'autorité suprême sans contradiction au dedans, pour qu'il doive être considéré comme tel au dehors. Au reste, ce qu'on appelle raison d'état fait adopter ou rejeter cette doctrine selon les vues particulières des gouvernemens, et il faut convenir qu'il est difficile de réduire cette matière à des principes pratiques positifs et irréfragables [*]; car la politique a autant de latitude à caractériser une usurpation, qu'elle en a à déterminer les bornes, ainsi que les droits extérieurs de l'usurpateur. C'est ainsi qu'elle reconnaît ou repousse, suivant les circonstances, un souverain dont l'autorité, acquise par la violence, ne se soutient que par le même moyen.

§ 4.

Les priviléges des ambassadeurs et autres ministres publics (outre l'inviolabilité et les droits qui lui sont inhérens) varient selon la

---

[*] V. liv. I, notes 21 et 22.

volonté du souverain. La seule chose qu'il importe d'éviter à cet égard, ce sont les exceptions, parce qu'elles blesseraient le ministre au préjudice duquel elles seraient établies : d'ailleurs, elles provoqueraient une rétorsion désobligeante; ce qui conduirait facilement à une rupture. Si les priviléges accordés paraissent trop restreints, on a le droit de réclamation ou de réciprocité : si cela ne suffit point, on peut témoigner son mécontentement par le rappel de l'ambassadeur; mais on ne saurait aller au delà, à moins que des circonstances particulières ne l'exigent.

§ 5.

Nous avons observé plus haut * que l'ambassadeur est exempt de la juridiction locale; toutes les personnes composant sa maison jouissent de la même exemption; ainsi elles ne peuvent être ni jugées, ni punies, ni arrêtées sans son consentement : mais cette exemption est une source abondante de discussions désagréables, parce qu'on met en général plus d'importance au maintien de ce

---

* V. liv. II. chap. xiv, § 3.

qu'on appelle dignité et privilége, qu'à ce qui intéresse l'ordre public *.

Pour suppléer à l'exemption dont il est question, l'usage a introduit la juridiction des ambassadeurs ; mais jusqu'où cette juridiction peut-elle s'étendre? Rien n'est si incertain que la jurisprudence moderne à cet égard. Il est certain que l'ambassadeur ou ministre a la juridiction correctionnelle, et qu'il peut punir ses serviteurs par la détention : il est même conséquent aux principes qu'il puisse leur infliger des peines corporelles, et même la mort. Toute cette juridiction est fondée sur une fiction de droit, selon laquelle l'hôtel d'un ministre public est censé hors du territoire du souverain auprès duquel il est accrédité. Mais enfin, s'il prononce la peine de mort, trouvera-t-il un exécuteur? et, s'il en trouve un, peut-il faire exécuter son jugement sans violer le territoire du souverain près lequel il est accrédité? *Vattel* ** pense que non ; mais cette opinion est contradictoire avec la fiction de droit, et elle

---

* Voyez sur cette matière l'ouvrage ayant pour titre : *Le Juge compétent des ambassadeurs*, par Bynkershœck.
** Liv. IV, chap. ix.

prouve seulement l'embarras d'articuler une opinion précise. Je dis que le droit de faire exécuter est une conséquence immédiate, nécessaire du droit de juger ; le renvoi que le ministre ferait à son souverain ne ferait qu'un embarras de plus, à cause du principe qui veut que le lieu du délit soit le lieu de l'exécution ; que d'ailleurs la juridiction d'un ministre étant extrà-judiciaire, ne serait point reconnue dans son pays.

Ainsi, en principe, il faut ou que le condamné soit exécuté dans l'hôtel même du ministre, ou que celui-ci le livre à la justice du pays, tant pour le jugement que pour l'exécution ; et c'est le parti le plus sûr et le plus sage *. Au reste, ceci s'entend d'un délit commis hors de l'enceinte de l'hôtel du ministre ; car, dans le cas contraire, le renvoi du coupable à la justice du lieu serait incompétent, et celle-ci ne saurait prononcer. Ainsi, si, le ministre, prenant sur lui de juger, n'a pas de moyen de faire exécuter, il n'a rien de mieux à faire qu'à remettre le coupable à la disposition de son souverain.

* Voy. dans VATTEL et autres, l'exemple de M. de Rosny.

§ 6.

Au reste, on fait généralement une distinction entre les domestiques de la nation même du ministre, et ceux qu'il prend dans le pays de sa résidence. Les publicistes ne statuent rien à l'égard de ceux-ci; ils se bornent à donner des conseils : mais c'est là éluder la question, et c'est avouer implicitement la contradiction très réelle qui existe entre les principes et les conséquences.

Si j'avais à prononcer, je dirais qu'un souverain qui permet à son sujet de servir un ministre étranger, le dégage par là tacitement de ses liens et de ses devoirs comme sujet : ainsi, il est censé consentir qu'il jouisse de l'indépendance que ce service étranger lui donne : c'est une espèce d'émancipation; et le souverain n'a aucun titre pour réclamer contre les effets quelconques de cette émancipation, qui est son propre fait. Mais, pour que les serviteurs d'un ministre étranger puissent avoir le droit de réclamer contre un acte de violence, il faut qu'ils soient dans le cas d'être reconnus au moment de la violence.

§ 7.

Quant au cérémonial, qui est une partie importante du droit conventionnel ou coutumier, il varie tellement qu'il n'y a pour ainsi dire pas deux cours où il soit le même. La règle générale à observer à cet égard est de ne rien établir qui puisse blesser le caractère d'un agent politique, ou porter atteinte aux priviléges qui lui sont inhérens. Ceci présupposé, on peut accorder plus ou moins d'honneur, plus ou moins de distinctions, pourvu qu'à titre égal, on évite les exceptions, les préférences. Il importe d'autant plus de mettre beaucoup de circonspection dans tout ce qui touche au cérémonial, qu'on le considère comme tenant essentiellement à la dignité des souverains et des nations, et que tout ce qui peut la blesser est regardé comme un manque d'égards, et même, selon les circonstances, comme une injure. Les deux points les plus délicats sont le rang et les qualifications : l'usage local peut seul servir de guide à cet égard, c'est la seule règle à suivre en matière de cérémonial. Au reste, il y a sur ce point une distinction essentielle à faire : ou bien le cérémonial concerne la cour même où l'ambassadeur réside, ou bien il est relatif aux ambassadeurs entre eux , comme lorsqu'il s'agit de leur rang. Dans le premier cas, la cour est responsable de tous les manquemens que l'ambassadeur peut éprouver ; dans le second cas, le démélé lui est étranger ; elle n'a aucun droit d'intervenir, et la prudence le lui défend. Ce n'est point au gouvernement anglais que Louis XIV s'adressa lors de l'aventure du maréchal d'Estrades avec M. de Watteville, ambassadeur d'Espagne ; c'est à Madrid même que le monarque français porta ses plaintes et fit valoir ses droits : l'histoire diplomatique fournit maints exemples de cette nature.

SECTION II.

Des lettres de créance, de rappel, de récréance; des pleins-pouvoirs, des instructions, des dépêches, des négociations.

§ 8.

L'ambassadeur, comme tout autre ministre public, se légitime, c'est-à-dire qu'il établit son caractère par des *lettres de créance*. On nomme ainsi la lettre dont son souverain le charge pour celui auprès duquel il l'accrédite.

Elles sont une espèce de plein-pouvoir général; mais, dans la pratique, elles ne servent qu'à constater le caractère de l'ambassadeur, et elles ne l'autorisent à aucune négociation particulière. Leur forme varie selon le souverain qui écrit et celui auquel elles sont adressées *. Elles ne sont reçues qu'après que l'ambassadeur en a donné une copie figurée, et qu'elles ont été reconnues pour être conçues dans la forme convenable : elles sont remises ou censées l'être dans une audience publique ou privée, selon l'usage du pays et le caractère de celui qui en est porteur.

§ 9.

Lorsqu'un ambassadeur est dans le cas de terminer sa mission, on lui envoie des *lettres de rappel ;* elles sont remises avec le même cérémonial que celles de créance. Le souverain, à qui elles sont présentées, répond par des *lettres de récréance.* L'ambassadeur jouit des prérogatives attachées à son caractère jusqu'au moment où il a quitté le pays où il avait résidé. Les lettres de créance cessent

---

* Il y avait autrefois en France des lettres de la main, du cabinet, et de chancellerie.

d'être valables en cas de mort, soit du souverain qui les a données, soit de celui qui les a reçues; elles doivent être renouvelées.

Faute de lettres de rappel un agent politique ne peut point quitter son poste à moins d'une permission expresse de son souverain. Cette règle est de rigueur, lors même que la durée de la mission est limitée à une époque déterminée. Il faut excepter le cas où l'ambassadeur aurait reçu un affront, car alors il peut, il doit même se retirer, jusqu'à ce qu'il ait reçu une satisfaction convenable; mais, en pareille occurrence, il faut que la fermeté soit accompagnée de beaucoup de calme et de prudence; car l'ambassadeur, en se laissant aller à l'humeur, pourrait donner lieu à une juste récrimination.

Toutefois il est deux autres cas qui font cesser les fonctions de l'ambassadeur sans lettres de rappel; savoir, la simple rupture, et la déclaration de guerre. Dans le premier cas, l'ambassadeur ne doit éprouver aucun obstacle à la demande de ses passeports et à son départ, parce que le droit des gens demeure dans toute son intégrité, et qu'il n'y a qu'interruption de correspondance. Le second cas présente deux hypothèses : dans la première, le souverain de l'ambassadeur déclare la guerre; dans la seconde, c'est le souverain près duquel il réside. Le souverain de l'ambassadeur, en déclarant la guerre, devient ennemi par son propre fait, et cette circonstance rejaillit nécessairement sur son ambassadeur. Ainsi son caractère, c'est-à-dire son inviolabilité cesse, et il peut à la rigueur être détenu comme prisonnier. C'est la faute de son maître s'il se trouve dans un pareil embarras : la prudence veut qu'il soit averti assez à temps pour pouvoir se retirer sans malencontre.

Si, au contraire, c'est le souverain près lequel l'ambassadeur réside qui déclare la guerre, celui-ci conserve son caractère, quoique sans fonctions, et on doit, en l'invitant à se retirer, lui assigner un temps convenable pour effectuer sa retraite, et prendre les précautions nécessaires pour sa sûreté.

Au reste, selon l'usage général parmi les princes chrétiens, dans les deux cas, le caractère de l'ambassadeur demeure inviolable jusqu'à la frontière, pourvu qu'il ne se permette rien qui puisse le compromettre. La Porte-Ottomane, dans un cas comme dans l'autre, fait transférer le ministre étranger aux *Sept-*

Tours avec toute sa suite ; mais ce n'est point là l'école du droit des gens.

§ 10.

Outre les lettres de créance, l'ambassadeur est muni *d'instructions ;* c'est un mémoire où l'on expose les rapports politiques entre les deux états, et où l'on trace la conduite que l'ambassadeur doit tenir pour le succès de sa mission : c'est là sa loi, et il ne peut s'en écarter sans courir le risque de se compromettre personnellement, et de compromettre en même temps les intérêts qui lui sont confiés.

§ 11.

C'est une chose bien importante que la correspondance d'un ambassadeur, lors même qu'il n'a aucune négociation particulière à suivre ; car ce n'est que par lui que son gouvernement peut être instruit ; et c'est en général d'après ses rapports qu'il juge, et prend des déterminations. D'ailleurs, la réputation de l'ambassadeur dépend en grande partie de la manière dont ses dépêches sont rédigées : elles exigent clarté, précision, simplicité ; la prolixité est un vice radical. L'ambassadeur doit sans cesse se dire que le gouvernement a plus d'une affaire à régler, et qu'il n'a point de temps à donner aux superfluités ou aux minuties, qui n'ont ordinairement qu'un intérêt local et du moment. Il ne doit pas moins éviter les fautes contre la langue et les termes impropres; car tout cela jette du ridicule sur le rédacteur. Il en est de même de l'afféterie, du précieux, de ce qu'on appelle grace, élégance. Rien de tout cela ne peut convenir pour des affaires aussi graves que celles dont s'occupe la politique; elle n'admet ni les idées métaphysiques, ni les élans du génie, ni le délire des passions : il lui faut le langage de l'homme, et non celui des bergers, des héros ou des dieux. Enfin, il est essentiel qu'un ambassadeur s'abstienne du ton doctoral; car il est rare qu'il ne déplaise point, parce qu'en général un gouvernement ne veut point que son agent, quel qu'il soit, se permette de le régenter; on peut à peu près tout dire, en y mettant la tournure convenable : c'est un talent que la pratique et l'usage du monde peuvent seuls donner.

§ 12.

Quant à la manière de traiter, elle dépend
de l'usage de chaque pays et des circonstances.
Les affaires sont traitées de bouche ou par écrit.
Les ci-devant républiques de Venise et des Provinces-Unies, et la diète générale de l'empire
d'Allemagne, ne recevaient de communication
que de cette dernière manière : la défiance
en était la cause. Hors de là, on avait presque
partout coutume de négocier verbalement *,
et de ne rédiger par écrit que les résultats.
On peut donner pour règle générale qu'un
ministre public doit être très réservé dans ses
communications par écrit, de crainte de se
compromettre et de se faire désavouer : pour
prévenir ce double inconvénient, il est de sa
prudence de ne s'exprimer par écrit qu'autant
qu'il en a l'ordre exprès. Tout ce qu'il peut
se permettre, lorsqu'il est bien sûr de lui-
même, lorsqu'il est bien au fait et bien pénétré des intentions et des vues de son cabinet,
et lorsque les choses à communiquer exigent
de la précision, c'est de donner une note non

---

* De là la dénomination d'orateur.

17.

signée, avec le titre de *note verbale,* ou *ad statum legendi,* ou *confidentielle.* Une pareille note n'est censée donnée que pour soulager la mémoire, et ne tire pas à conséquence. Il peut aussi donner lecture des dépêches, et même, selon la nature des choses, en donner ou laisser prendre copie. Ce sont les circonstances qui doivent, dans tous ces cas, diriger l'ambassadeur; mais il doit y mettre d'autant plus de prudence que la moindre chose, un seul mot, peut avoir de grandes conséquences. Des cours intimement liées peuvent souvent avoir des confidences à se faire; l'intimité peut s'affaiblir et même cesser; enfin les opinions peuvent changer, et alors les confidences faites par écrit peuvent facilement compromettre, par l'abus que l'on peut en faire. Jamais il ne faut perdre de vue que quelle que soit l'intimité entre deux cours, quelque étroits que soient leurs liens politiques et même de famille, elles ont des intérêts séparés, souvent même opposés : et qui peut répondre que, d'un moment à l'autre, cette opposition ne produira pas du refroidissement et même une rupture?

§ 13.

La langue à employer dans les communications diplomatiques a souvent causé des discussions aussi sérieuses que puériles, et ça été long-temps un objet important de ce que les Italiens appellent *puntiglio*. A Constantinople, on ne traite qu'en langue turque, et par l'entremise d'un drogman, parce que les Turcs ne savent aucune langue européenne. La diète de l'empire d'Allemagne ne veut admettre que la langue latine ou la langue allemande. En général, autrefois, chaque pays prétendait ne devoir admettre que sa propre langue, et y croyait sa dignité, son indépendance même intéressées. Cependant, aujourd'hui la langue française a prévalu presque partout, non par l'effet d'un prétendu droit de prééminence, que le roi de France n'avait jamais réclamé, mais parce que la langue française est claire, précise, exempte d'équivoque; d'ailleurs c'est la langue la plus généralement répandue : aussi voyons-nous presque toutes les négociations, tous les traités rédigés en français; mais, lorsque la France intervient, on a ordinairement soin d'insérer un article séparé, pour déclarer que la langue française a été employée *sans tirer à conséquence* (18).

§ 14.

Il y a bien des observations à faire sur la mesure qu'un ministre public doit mettre dans ses négociations verbales ; mais je me bornerai aux suivantes. Un ministre public doit avoir reçu une éducation qui lui a enseigné l'usage du monde, c'est-à-dire l'art de se rendre agréable en évitant la morgue et un ton de hauteur, en ne cherchant pas à se prévaloir de son esprit, de ses talens et de ses connaissances ; en dissimulant souvent, pour en faire son profit, les choses erronées, dangereuses ou absurdes qu'on peut lui dire ; en se souvenant sans cesse que, s'il parle au nom de son souverain, son interlocuteur est dans le même cas ; que, par conséquent, ils se doivent des égards réciproques ; enfin, en évitant scrupuleusement les importunités, qui en général donnent de l'humeur ou au moins de l'ennui, et reculent souvent plus qu'elles n'avancent les affaires.

Quant aux négociations par écrit, lorsqu'elles sont officielles, elles exigent encore plus de précautions. Le négociateur qui se trouve dans ce cas, doit toujours être en défiance, et supposer qu'on veut le surprendre : c'est dans cet esprit qu'il doit méditer tout ce qu'on lui remet par écrit, et tout ce qu'il répond ; car la moindre équivoque, la moindre obscurité, ou un accès d'humeur peuvent le compromettre, ainsi que les intérêts qui lui sont confiés. Nous avons à cet égard un exemple mémorable dans les négociations qui ont précédé la paix de 1763 entre la France et l'Angleterre. Les deux cours étaient, dès 1761, occupées d'un armistice, ayant pour base le *statu quo* ; on convint des termes d'une déclaration commune, et le ministère français considérait la chose comme consommée ; mais M. Pitt, depuis lord Chatham, fit inopinément attaquer l'île de Belle-Isle, et elle fut conquise. Grandes plaintes, et plaintes bien fondées de la part de la France de cette violation des articles convenus, et rupture des négociations. M. Pitt, pour se justifier, allégua les termes même de la déclaration qui, en effet, étaient équivoques, et semblaient en quelque sorte autoriser son manquement de foi ; le ministre anglais avait surtout pour lui les succès des armes britanniques, et ce moyen était sans réplique ; aussi le cabinet de Versailles n'eut-il d'autre ressource que celle de publier une espèce de manifeste sous le titre de Parallèle de la conduite de la France et de la Grande-Bretagne : mais cela n'empêcha point qu'il ne fallût renouer les négociations, et racheter Belle-Isle au prix de la Grenade.

§ 15.

Pour qu'un agent diplomatique puisse entamer une négociation particulière, comme un traité de paix, d'alliance, etc., il doit être muni d'un plein pouvoir *ad hoc*. Selon l'usage général, un pareil acte est conçu dans les termes les plus étendus : mais ce formulaire est toujours restreint par des instructions ; et si le négociateur les outrepasse, il se compromet, et compromet son souverain, parce qu'il le force à un désaveu, et qu'il expose le sort du traité qu'il a signé. Si les choses étaient autrement, un négociateur corrompu aurait la liberté de disposer des états de son souverain. Nous croyons devoir ajouter la réflexion suivante : les négociations ne consistent, la plupart du temps, qu'en contestations sur le

plus qu'on exige d'une part, et sur le *moins*
qu'on veut accorder de l'autre : jamais le premier mot n'est le dernier du vainqueur qui
exige des sacrifices, et encore moins celui du
vaincu qui est obligé d'y souscrire. Avec cette
marche comment serait-il possible de fixer les
pouvoirs ostensibles d'un négociateur? les négociations seraient rompues aussitôt qu'entamées, à moins que la modération de la puissance qui exige n'impose silence à celle qui
est dans la nécessité de céder.

§ 16.

Nous venons d'observer que la marche d'un
ambassadeur est ordinairement tracée, ou
dans ses instructions générales, ou dans des
instructions particulières; que c'est là où il
doit puiser ses démarches et son langage, et
que son devoir est de se conformer à ce qui
lui est prescrit. Cependant il peut survenir
des cas où les ordres qu'il a reçus soient tels
que leur ponctuelle exécution ne produirait
point l'effet qu'on s'était proposé, ou même
qu'elle en produirait un contraire, et que les
conséquences en seraient évidemment nuisi-
bles aux affaires de son souverain. Dans une

parcille occurrence, un ministre peut et doit
même prendre sur lui de suspendre l'exécution des ordres qui lui ont été donnés, de
représenter les inconvéniens qu'il y trouve,
et d'en attendre de nouveaux pour agir; il
peut même, selon l'urgence des conjonctures, risquer de s'écarter de ses instructions. Mais on sentira facilement que l'ambassadeur doit consulter scrupuleusement la
prudence; qu'il doit être bien pénétré de l'objet de sa mission, et surtout être convaincu
qu'il s'en écarterait en obéissant : ce n'est pas
à un homme malhabile, à un ignorant, à un
homme sans caractère, qu'il appartient de tenir une conduite aussi hasardeuse. Sans doute
les cas de cette espèce sont assez rares, mais
enfin ils peuvent arriver; et c'est alors qu'un
négociateur habile et consciencieux doit savoir
courir le risque d'être désavoué (19).

§ 17.

Mais s'il est des cas où un ministre peut s'é-
carter de ses instructions, il est difficile de déterminer ceux où il pourrait ou devrait agir sans
en avoir reçu. En effet, il est impossible d'engager un prince à son insu, ou de faire des

démarches qui pourraient compromettre sa dignité, ses intérêts ou ses vues. Pour oser le faire, il faudrait connaître assez son caractère, celui de son conseil, l'ensemble de son système politique, ses rapports avec toutes les autres puissances; en un mot, sa position et son intérêt, pour que l'on n'ait pas à craindre de se tromper, de lui nuire, et d'être désavoué en se mettant à sa place. Sans toutes ces certitudes, qu'il est difficile d'avoir, car il est rare qu'un souverain confie tout son secret, il est de la prudence d'un ministre de ne rien hasarder, et de déclarer franchement qu'il est sans ordres; mais on ne saurait se dissimuler les inconvéniens qui peuvent résulter de là, surtout lorsqu'il y a une grande distance de lieux. La ressource banale est de prendre *ad referendum*. Mais si le cas est urgent et la distance considérable, il faut rejeter ou accepter *sub spe rati*. Au reste, je n'hésite pas à le dire, c'est une pitoyable manière de traiter que de ne donner aucune latitude à un négociateur : elle est une preuve de défiance de sa capacité. Si cette défiance est fondée, il ne faut point l'employer.

§ 18.

Il arrive fréquemment que plusieurs personnes sont chargées de suivre en commun la même négociation. On demande si chacune d'elles peut négocier séparément. Leur conduite à cet égard doit être tracée dans leurs instructions. Si l'unité est impérieusement prescrite, sans doute il faut s'y tenir. Cependant il peut arriver que l'on ait plus de confiance dans l'un des négociateurs que dans l'autre, et que l'on désire faire à l'un d'eux, à l'exclusion de l'autre, une ouverture secrète. Quelle conduite doit tenir le premier? S'il cède, il s'écarte de ses instructions; s'il refuse, il repousse une confidence qui peut être importante. Je pense que l'utilité présumée peut servir de règle. S'il en était autrement, on perdrait souvent tout l'avantage qu'on se serait proposé en confiant la négociation à plusieurs personnes, parce qu'on repousserait ou rendrait impossible le moyen de recevoir des informations secrètes. Au surplus, c'est à celui qui a reçu la confidence à juger de l'usage qu'il convient d'en faire. On n'a sans doute pas prétendu déposer dans son sein un secret de confessionnal : on a voulu rendre un bon office. C'est au dépositaire du secret à déterminer comment cet office peut être rendu efficace. Si pour cet effet la communication du secret à son collègue est nécessaire, quel motif doit l'empêcher de la faire? Ce serait un scrupule déplacé et même nuisible que de s'en abstenir.

SECTION III.

Des qualités et des fonctions de l'ambassadeur.

§ 19.

Comme nous l'avons déjà observé, un agent politique est un ministre de paix : en effet, le maintien de la bonne harmonie est l'objet direct ou au moins apparent de sa mission. C'est donc vers ce but que doivent être dirigées toutes ses démarches, toutes ses actions: en s'écartant de cette règle, il compromet son caractère, il se rend suspect, il s'expose à des désagrémens mérités; car un souverain, en admettant un surveillant privilégié, ne saurait supporter que, sous la sauve-garde du droit des gens, il ne cherchât qu'à intriguer, et à fomenter des tracasseries, des troubles, des conspirations et la révolte. Le ministre public ne doit jamais perdre de vue que le souverain près duquel il réside, est le maître chez lui; que les prérogatives attachées au caractère de ministre ne sauraient diminuer celles du souverain; et que ce dernier a sa dignité à soutenir contre quiconque entreprendrait d'y porter la plus légère atteinte. Un ministre doit surtout prendre garde qu'il est responsable de sa conduite envers son propre souverain, et que celui-ci de son côté en est responsable envers le souverain auprès duquel il a accrédité son agent.

§ 20.

Il faut, outre le caractère politique de l'ambassadeur, considérer ses qualités personnelles et ses fonctions. Quand autrefois on employait des grands seigneurs dans des ambassades passagères et de pure courtoisie, ils étaient plutôt chargés de la représentation, qui exige de la dignité, que des affaires, qui exigent de l'instruction; aussi plaçait-on toujours près d'eux des personnes instruites pour diriger les négociations.

En général, la naissance et le rang doivent être considérés selon le pays auquel l'ambassadeur appartient. Ceux qui n'ont point de noblesse (dans le sens que l'usage du droit féodal a attaché à cette dénomination) ne peuvent choisir que dans l'ordre des citoyens; mais, dans ce cas, la considération personnelle (nécessaire dans tous les gouvernemens) équivaut à ce qu'on appelle haute naissance : elle est le premier de tous les titres de noblesse. En négligeant ce point, on ne peut faire que des choix hasardés : en effet, comment le représentant d'une nation peut-il la faire respecter, lorsqu'il n'est pas respecté lui-même. Ce sentiment ne se commande point: les circonstances peuvent bien forcer à la dissimulation ; mais ce sont de tristes égards, que ceux qu'on ne doit qu'à la contrainte et à l'hypocrisie.

§ 21.

Le premier devoir d'un ambassadeur est de rendre sa personne agréable par ses formes, son maintien, son langage: tout cela présuppose une éducation soignée, de l'instruction, et le ton de la bonne compagnie. Pécher contre un de ces trois points, c'est s'exposer inévitablement au ridicule : et du ridicule au mépris il y a bien peu d'intervalle. Les qualités qui viennent d'être indiquées ouvrent le chemin à la confiance ; or, il est impossible qu'un ambassadeur réussisse, et qu'il puisse suivre avec succès les affaires dont il est chargé, s'il ne jouit pas de la confiance du souverain près duquel il réside, comme de celle de ses ministres. S'il ne s'agit que de brouiller ou d'humilier, tous les moyens, tous les hommes même y sont propres.

§ 22.

Plusieurs autres qualités sont requises pour inspirer la confiance : ses appuis doivent être la loyauté et la franchise, qu'il ne faut toutefois point confondre avec l'indiscrétion. Le soupçon de mauvaise foi, ou l'opinion qu'un négociateur emploie la finesse, la ruse, inspire la réserve et la défiance ; et alors la marche des affaires devient excessivement pénible ; souvent même elles deviennent interminables. La ruse marque un petit esprit, un homme sans moyens : les grands caractères ne la connaissent point, ou plutôt ils la méprisent, ou la déjouent, soit en feignant de ne point s'en apercevoir, soit en l'imitant (20).

§ 23.

Mais il ne suffit point d'avoir un caractère franc, noble, loyal; il faut qu'il soit tempéré, guidé par la prudence. Elle est l'ame d'un négociateur, et si elle ne dirige pas toutes ses actions, quelles que soient d'ailleurs ses qualités, il se compromettra à chaque pas; la plupart de ses démarches seront inconsidérées; sa franchise passera pour indiscrétion, sa loyauté pour duperie. Mais on confond trop souvent la prudence avec la ruse: c'est à l'ambassadeur à bien distinguer l'une de l'autre. Les plus grands négociateurs ont été renommés par leur prudence: elle est la plus belle partie de leur éloge; la ruse, au contraire, a terni leur mémoire. C'est ainsi que Mazarin, justement apprécié par don Louis de Haro, a perdu le mérite de ses grandes qualités et de ses importans services.

§ 24.

Mais à quoi sert la prudence, si l'ignorance la trahit (21). Loin de nous de prétendre qu'un négociateur soit un savant; qu'il connaisse plus les livres que les hommes; qu'il sache par

cœur tous les petits détails, toutes les petites
anecdotes de la littérature ancienne et moderne; qu'il soit un érudit, un docteur dans
tousles genres de sciences : celle qu'on a droit
d'exiger de lui, comprend la connaissance de
son pays, celle du pays où il réside, de ses
rapports, de ses intérêts politiques et commerciaux, de l'ensemble du système général de
l'Europe, de la marche habituelle des affaires,
des passions humaines, et du manége des
cours. Avec de telles connaissances, il ne sera
jamais pris au dépourvu, on ne lui fera point
de surprise, on le trompera difficilement. Il faut
surtout qu'il connaisse à fond les objets qu'il
est chargé de traiter, et qu'il soit en état de les
discuter sous tous leurs rapports, sinon il a
l'air d'un écolier qui a appris sa leçon du
jour dans une dépêche; la moindre objection
non prévue dans ses instructions, le déroute,
le déconcerte, décéle son ignorance; et s'il
tente de la pallier, il ne peut, même avec
beaucoup d'esprit, que commettre des bévues,
qui, outre le ridicule, l'exposent à autant de
désaveux qu'il aura fait de démarches. Et si,
à défaut de toute autre ressource il se fâche, il
ne fait qu'empirer le mal, car la discussion dégénère en aigreur et en personnalités ; et quand

deux négociateurs en sont parvenus à ce point,
quels résultats peut-on attendre de leur part?
Un homme instruit et prudent ne s'expose jamais à une pareille extrémité.

§ 25.

Il est une partie infiniment délicate pour
un ambassadeur : c'est le maintien de sa dignité et de celle de son souverain. Il y a des
hommes vétilleux qui exigent plus qu'on ne
leur doit, et qui s'offensent de la plus légère
inadvertance. Un ambassadeur de cette espèce
ne convient ni pour les affaires, ni pour la
représentation ; sa conduite indique un petit
esprit, un caractère insociable, plus propre
à donner du ridicule qu'à inspirer la considération et la confiance : ainsi, le parti le plus
sage est de le rappeler. Aucun respect humain ne doit arrêter, car les affaires de l'état
doivent l'emporter sur les considérations personnelles ; et cette sévérité débarrassera le
gouvernement des présomptueux qui se
croient propres à tout sans avoir rien appris.
Quant à la dignité du souverain, l'ambassadeur
la soutient en soutenant la sienne propre ;
elles sont inséparables ; mais il doit bien so

pénétrer de cette vérité, que l'ignorance, l'orgueil, les exigences ne sont point de la dignité.

Il arrive souvent qu'un ambassadeur a de la prédilection personnelle pour tel ou tel pays, et cela se conçoit facilement, car tous les hommes ont leurs affections particulières, et un ambassadeur n'est pas privilégié à cet égard. La prudence veut qu'il la dissimule, parceque autrement il rendrait sa personne désagréable, et ses rapports suspects. Il ne doit point confondre ses sentimens personnels avec ceux que la politique dicte à son souverain. Toutefois, en exprimant ceux-ci, il doit souvent le faire avec une certaine réserve.

Deux états sont alliés : il est naturel et même nécessaire que partout le langage de leurs agens soit analogue à ce lien politique; mais ils ne doivent point sortir de ce cercle, sinon ils s'attirent eux-mêmes des désagrémens et se créent des embarras; car enfin chaque état a son intérêt et un système politique qui y est conséquent, et c'est un devoir pour un agent diplomatique de le respecter, à moins qu'il n'ait des instructions positives pour l'attaquer.

Nous croyons devoir terminer tout ce qui vient d'être dit par le résumé suivant : un né-

gociateur qui à la prudence joint un caractère
franc, loyal, conciliant, et qui connaît parfaitement sa besogne ainsi que les hommes avec
qui il traite, se compromettra rarement, et
il sera difficile de le tromper, quels que soient
les détours qu'on prenne pour le circonvenir;
que si, au contraire, il est raide, difficile, er-
goteur, colère, ou s'il veut mettre de la finesse
dans sa marche; s'il tient un langage insidieux
(ce qui échappe difficilement à un homme
qui, comme on dit, sait son métier); s'il veut
plutôt faire parade d'esprit que de bon sens;
ou enfin s'il prend un ton de hauteur, il aura
de grands obstacles à surmonter; les rapports
avec lui seront pénibles, fastidieux; on aura
de la répugnance à traiter avec lui; loin d'inspirer la confiance, il n'éprouvera que de la
réserve; et, s'il parvient à ses fins, il le devra
à l'empire des circonstances, et nullement à
lui-même.

§ 26

C'est un chose singulière qu'on ne saurait
parler de politique, de négociation, sans que
l'idée de corruption vienne dans la pensée :
aussi, tous les auteurs agitent-ils la question
de savoir si un ambassadeur peut employer la

corruption. En thèse générale, nous disons que si un ambassadeur croit pouvoir sans blâme employer la corruption, il admet par là, au moins implicitement, qu'on peut employer ce moyen vis-à-vis de lui-même; et quels sont les siens pour s'en garantir? Mais en faisant abstraction de cette réflexion, nous pensons que la corruption, considérée sous un point de vue général, est une pratique odieuse, parce qu'elle est fondée sur un crime caractérisé. En effet, y a-t-il rien de plus criminel que d'engager un sujet à être infidèle, à trahir son souverain et sa patrie, en livrant un secret qui est un dépôt sacré, en faisant des insinuations perfides, en donnant des conseils contraires à l'intérêt de l'état? et celui qui provoque et paie le crime n'est-il point au moins aussi coupable, et peut-être plus que celui qui le commet? ne trahit-il point la confiance sous la foi de laquelle il a été admis? Sans doute la pratique dément tout ce que nous venons de dire, elle a consacré la corruption, et elle fait regarder comme des cerveaux étroits, comme des dupes ceux qui la blâment ou s'y refusent; mais malgré tout ce qu'on peut dire à cet égard, il est constant que toute administration livrée à des agens mercenaires est radicalement corrompue : *avaritia fidem et probitatem evertit.*

Toutefois il est des cas où l'on pense que la corruption peut être employée sans blâme, et qu'elle n'entache que le traître : par exemple, une puissance est justement suspecte; on a des indices de ses mauvaises intentions; elle est malfaisante, remuante; elle a une ambition qui ne connaît d'autres bornes que celles de ses moyens; elle inspire par conséquent une crainte continuelle : alors on a recours à la corruption pour découvrir et faire échouer ses pernicieux projets et prévenir la guerre. On se sert aussi utilement de ce moyen pour prévenir la guerre civile, en séduisant des mécontens, des rebelles. Il peut arriver encore qu'on gagne le commandant d'une place forte, afin d'éviter les embarras, les longueurs et le carnage. Mais, si, dans tous ces cas, le corrupteur est mis au dessus du blâme, surtout quand il a réussi, le malheureux qui s'est laissé corrompre se rappellera sans cesse cette terrible vérité, qu'on profite de la trahison, et qu'on méprise le traître, et que, s'il échappe à la vindicte publique, il n'échappe ni à l'opinion, ni aux coups de sa conscience, quelque dépravée qu'elle puisse être. Les États-Unis de l'Amérique craignent tellement pour leurs ministres, non seulement la corruption, mais même ce qui peut concilier l'affection, qu'il leur est interdit de recevoir les présens qui sont d'un usage à peu près général en Europe.

§ 27.

La question de savoir si le *mensonge* est permis en politique, a aussi été souvent controversée. Sans doute nous voudrions qu'il pût toujours être évité; mais confiera-t-on jamais, nous ne disons pas une négociation importante, mais même l'affaire la plus simple, dont on ne veut pas faire confidence au premier venu, à un homme qui croirait que, dès qu'il est interrogé, il ne saurait répondre que par l'exacte vérité. Dans la vie privée même, sans blesser la morale la plus sévère, il est des cas où il faut savoir dissimuler: à plus forte raison en politique où le secret est si essentiel. Observons que ce secret est un dépôt, et que rien n'autorise à le violer. Mais le *mensonge*, puisque l'on appelle de ce nom la dissimulation que dicte la plus simple prudence, le *mensonge*, disons-nous, doit être nécessaire pour qu'on y ait recours. Hors ce cas, et surtout s'il devient

habitude, il porte atteinte au caractère du négociateur, à la considération dont il doit jouir,
et diminue s'il ne détruit pas entièrement la
confiance qu'il lui importe d'inspirer (22).

Au reste un négociateur doit toujours commencer par bien démêler et approfondir le
caractère, les principes et les intérêts des hommes avec lesquels il a à traiter, et régler en
conséquence sa manière de se conduire à leur
égard. S'ils sont francs, il ne court aucun risque de l'être ; mais s'ils sont faux, s'ils em-
ploient la ruse, il faut bien qu'il emploie les
mêmes armes, quelque répugnance qu'il y
éprouve. L'essentiel pour lui est de parvenir
à ses fins, et personne ne le blâmera d'avoir
été plus rusé que son antagoniste. Nous
croyons devoir ajouter que si la ruse est dangereuse pour un homme peu accoutumé à
manier de grands intérêts, elle l'est peu pour
un négociateur à caractère qui connaît les
hommes et les affaires, et qui est bien pénétré du but auquel il doit atteindre. On a beau
vouloir l'égarer, le faire dévier, on n'y réus-
sira point. Il suivra, s'il le faut, tous les détours, toutes les sinuosités par lesquelles on
voudra le faire passer ; il conservera toujours
sa boussole, et, quand il le voudra, il se rap-

prochera du point auquel il s'est proposé d'arriver; et c'est là la véritable pierre de touche d'un habile négociateur.

Mais si nous admettons qu'un négociateur puisse quelquefois déguiser la vérité, nous sommes bien loin de penser qu'à un fait vrai il puisse substituer un fait faux. La morale la plus relâchée ne le saurait admettre. Ce n'est plus là de la dissimulation, c'est de la fourberie. D'ailleurs il est rare qu'une semblable imposture réussisse, et le négociateur qui s'en rendrait coupable, porterait une atteinte irréparable à sa réputation. Le succès même ne saurait l'excuser, car les engagemens arrachés de cette manière n'ont de durée que celle que leur donne la force.

FIN DE L'APPENDICE.

NOTES

DE

L'APPENDICE.

———◆———

(1) Ce que dit à cet égard SALLUSTE mérite d'être remarqué : « *Ego ità comperi, omnia regna, civitates, na-* « *tiones usque eò prosperum imperium habuisse, dùm* « *apud eos vera consilia valuerunt. Ubicunque gratia, ti-* « *mor, voluptas ea corrupuere, post paulò imminutæ opes,* « *deinde ademptum imperium, postremò servitus imposita* « *est.* »

A ce passage de SALLUSTE on peut en ajouter deux de TACITE : « *Principem sua scientia non posse cuncta com-* « *plecti (Ann., lib.* III). *Nec unius mentem esse tantæ* « *molis capacem (lib.* I). »

MACHIAVEL cite l'exemple d'un prince, qui, par une

réserve exagérée, ne voulait communiquer ses affaires à personne et ne prenait jamais aucun conseil. C'était l'empereur Maximilien Ier. Qu'en résultait-il? Au moment de l'exécution, il fallait bien découvrir le projet qu'il avait formé; alors venaient les contradictions et l'opposition de la part de ses entours; d'où il arrivait que les choses faites un jour étaient défaites le lendemain; en sorte qu'on ne savait ce que ce prince voulait, et qu'on ne pouvait faire aucun fond sur ses déterminations.

(2) Cette opinion de MONTESQUIEU paraît être puisée dans le PRINCE de MACHIAVEL; mais au lieu de suivre les développemens de l'auteur florentin, il a voulu réduire sa doctrine en une seule maxime et par là il l'a dénaturée. MACHIAVEL ne demande pas qu'on emploie le moins de vertu qu'on peut : il dit seulement qu'il y a des occasions où il peut être nécessaire pour un prince de savoir n'être pas vertueux; il conseille aux souverains de pratiquer la vertu autant que la fragilité humaine le permet, et de ne s'en écarter que lorsque le salut de l'état leur en fait une loi. On ne peut s'empêcher de reconnaître qu'il y a dans cette doctrine plus de moralité que dans la maxime de MONTESQUIEU : celle-ci est essentiellement dangereuse pour les princes comme pour leurs agens, tandis que l'autre peut certainement leur servir de guide.

(3) C'est ici le lieu de rendre justice à un règne trop long-temps calomnié, celui de Louis XVI, et de prouver, par des faits positifs, que jusqu'à l'époque où les

germes de la révolution eurent leurs premiers développemens, la confiance dans la sagesse des principes politiques de ce monarque était généralement établie, et qu'il avait recouvré l'influence que Louis XIV devait à l'éclat de ses armes et que son successeur avait perdue par son insouciance.

Quiconque connaît notre histoire sait dans quel discrédit et dans quelle inconsidération était tombée la France, depuis la paix de 1763 jusqu'à la mort de Louis XV. Les principaux traités subsistant à cette époque étaient ceux de Westphalie, les différens actes stipulant des garanties, l'alliance avec la maison d'Autriche (1756) et le pacte de famille avec l'Espagne. Ces deux derniers traités formaient la base principale du système politique de la France.

En montant sur le trône, Lous XVI annonça à toutes les puissances son désir de maintenir avec elles la paix et la bonne harmonie. Ce monarque pacifique par caractère autant que par principe, fut fidèle à sa promesse ; elle inspira une confiance générale, et la France ne tarda pas à reprendre son ancienne considération. Le premier effet de l'opinion qu'on avait des principes du gouvernement français fut une alliance générale (1777) avec la confédération helvétique : il n'en avait existé jusque-là qu'avec les cantons catholiques.

Pendant que Louis XVI négociait en Suisse, il s'éleva un différent très sérieux entre l'Espagne et le Portugal : il s'agissait de la ligne de démarcation entre le Brésil et le

Paraguay. Louis intervint comme conciliateur, et la guerre fut prévenue par un nouveau réglement de limites qui, peu de temps après, fut corroboré par un traité d'amitié, de commerce et de garanties (1778) auquel la France accéda en 1783. Cette accession était importante pour le commerce français, en ce qu'elle anéantissait indirectement le privilége exclusif que l'Angleterre avait arraché au Portugal par la fameuse convention de Méthuen (1703).

Tandis que Louis pacifiait l'Espagne et le Portugal, la guerre entre l'Angleterre et ses colonies de l'Amérique septentrionale était dans sa plus grande force ; les Américains avaient publié et soutenu par des succès l'acte de leur indépendance, et ils sollicitaient la France de donner son appui à leur cause. La cour de Londres la plaida aussi efficacement qu'eux-mêmes par ses procédés altiers, par les vexations qu'elle faisait éprouver au pavillon français, et par la coalition qu'elle méditait avec ses ennemis même contre la France. Elle était accoutumée à peu compter avec le cabinet de Versailles ; elle calculait d'après d'anciennes données ; et le résultat de son erreur fut un traité de commerce entre la France et les États-Unis (1778) : la guerre fut la conséquence de ce traité.

Le ministère anglais dut être étonné de l'indifférence que lui témoignèrent toutes les puissances de l'Europe, et de leurs vœux secrets pour la cause française. Louis XVI fortifia ces dispositions, d'un côté, par un réglement général (1780) dont l'objet était de protéger la navigation et le commerce des neutres, tandis qu'ils étaient victimes des vexations de la Grande-Bretagne ; de l'autre, en favorisant la neutralité armée, calquée sur le réglement qui vient d'être indiqué. L'Angleterre perdit jusqu'à son plus ancien allié, les Provinces-Unies des Pays-Bas ; et le roi de Prusse, Frédéric II lui-même, malgré l'éloignement qu'il montrait pour la France, depuis 1756, changea de sentiment, de politique et de conduite à son égard.

Le traité conclu en 1783 mit fin à la guerre. Quiconque a analysé ce traité, doit le considérer comme un monument de sagesse, et si on le compare avec les traités d'Utrecht (1713), d'Aix-la-Chapelle (1748), et de Paris (1763), on sera étonné du point auquel Louis XVI avait ramené la puissance et la considération de la France.

A peu près au même moment où éclata la guerre d'Amérique, survint en Allemagne un événement qui offrait de grands embarras au cabinet de Versailles. L'électeur de Bavière étant mort (décembre 1777) sans descendance, sa succession passa à l'électeur Palatin, son plus prochain agnat ; mais la cour de Vienne s'en fit céder secrètement la plus grande partie et s'en empara à main armée. Cette cour s'était abusée comme celle de Londres : elle avait mal calculé les principes de Louis XVI. Se fiant sur l'alliance de 1756, sur son influence intérieure, et sur les embarras que devait causer au cabinet de Ver-

sailles la guerre probable et même prochaine avec l'Angleterre, elle supposait ou indifférence, ou impuissance
de sa part. Mais Louis XVI fit abstraction de sa position
à l'égard de la Grande-Bretagne, ainsi que de ses liens
avec la maison d'Autriche; il refusa les secours réclamés
par la cour de Vienne, en vertu de l'alliance, lorsque
l'armée prussienne fit une invasion en Bohême, et se
rapprochant du roi de Prusse Frédéric II, il se concerta
avec lui, et sauva la Bavière par la paix de Teschen
(1779) dont il fut médiateur avec l'impératrice de Russie. Je passe sous silence les tentatives faites durant les
négociations pour intéresser la France à l'anéantissement
de la Bavière, c'est-à-dire pour lui faire accepter le prix
de la condescendance qu'on exigeait d'elle. J'ai déjà eu
occasion de parler de ce fait dans une note précédente.

Peu de temps après la paix de 1783, les états-généraux des Provinces-Unies recherchèrent l'alliance de la
France. Les conditions étaient agréées de part et d'autre,
lorsque survint la querelle de l'empereur Joseph II avec
la Hollande pour la navigation de l'Escaut. Nous avons
retracé plus haut les détails de la négociation à laquelle
cet incident donna lieu. Il suffira de rappeler ici que
Louis XVI refusa d'appuyer l'empereur dont la cause
était injuste; qu'il parvint, malgré l'animosité des deux
partis, à faire agréer sa médiation, et que, par une conduite à la fois ferme et prudente, il échappa à l'alternative fâcheuse ou de rompre avec la cour de Vienne, en
soutenant les Provinces-Unies, ou de manquer son al-

liance avec celles-ci, s'il appuyait les prétentions de l'empereur. La paix fut signée sous ses auspices (1785), et immédiatement après fut conclue l'alliance projetée avec la Hollande.

Cet objet était à peine terminé, qu'un nouvel orage éclata dans le Levant. Le sultan Selim III, dans un moment d'effervescence, déclara brusquement la guerre à la Russie, et l'impératrice Catherine II, alliée avec l'empereur, concerta avec ce prince un plan d'après lequel les Turcs devaient être dépouillés et rélégués en Asie. Louis, instruit de ce plan, n'hésita pas à provoquer une explication, et à manifester son sentiment sur le maintien de l'empire ottoman. Le plan fut, à la vérité, désavoué; mais les conquêtes furent subordonnées aux événemens de la guerre qui était l'ouvrage du sultan, et dont il devait, par conséquent, porter la peine.

Dans cet état de choses, le cabinet de Versailles avait à choisir entre trois partis : 1° celui de la neutralité; 2° celui de défendre les Turcs; 3° celui de prendre part à leurs dépouilles. Le premier aurait laissé l'empire ottoman à la merci des deux cours impériales; et l'effet de leurs conquêtes aurait opéré un ébranlement total dans le système politique de l'Europe; le second aurait exigé de grandes dépenses : il aurait surtout fallu vaincre la répugnance des Turcs à recevoir les secours d'une puissance chrétienne, répugnance aussi forte qu'incroyable. Le troisième parti aurait eu pour objet d'acquérir à la France, dans le partage supposé, l'île de Candie ou l'Égypte, peut-être même l'une et l'autre. Mais ces acquisitions auraient-elles suffi pour balancer les avantages de richesse et de puissance qu'auraient obtenus les cours de Vienne et de Pétersbourg? D'un autre côté, l'Angleterre aurait-elle vu paisiblement la France maîtresse de l'Egypte et dominant sur l'Archipel, et par là sur tout le Levant?

Après avoir pesé ces différentes considérations, on se détermina à négocier avec toutes les parties belligérantes; on tâcha, d'un côté, de connaître l'*ultimatum* des prétentions de la Russie; de l'autre, on fit voir aux Turcs les dangers auxquels ils s'étaient exposés, et on les exhorta sérieusement à la paix, même en faisant des sacrifices. Cette paix se conclut enfin sous la médiation de la France, et l'empire ottoman fut sauvé moyennant l'abandon de la Crimée, où déjà, par l'effet du traité de Kaïnardgi, la Russie exerçait une influence prépondérante.

Nous nous arrétons ici; car ce fut réellement là le dernier acte politique de Louis XVI. Il ne nous resterait plus à parler que du rôle que joua la France dans les troubles qui, à cette époque, commencèrent à agiter les provinces des Pays-Bas; mais déjà les symptômes précurseurs de la révolution française se manifestaient. La fermentation générale, excitée par la réunion des notables, paralysait au dehors, comme au dedans, l'action du gouvernement; et dès lors, la France fut, pour ainsi dire, rayée de la liste des grandes puissances. Ce superbe royaume res-

semblait à un vaisseau que la pl . violente tempête agite
dans tous les sens : on ne parlait plus que de *déficit*, de
banqueroutes, de réformes, d'états-généraux, de régé-
nération ; l'autorité était avilie, anéantie : des ambitieux,
des intrigans, des énergumènes, des sots se la dispu-
taient à l'euvi. Au milieu de ce chaos épouvantable, chaque individu se croyait une puissance. On rompit tous
les liens, tous les engagemens au dehors ; et la politique
extérieure devint étrangère à une nation qui naguères
tenait le premier rang parmi les puissances de l'Europe.
Quelle leçon pour les peuples, pour leurs chefs, pour le
genre humain !

(4) L'exemple le plus frappant que nous offre l'histoire
à cet égard, est celui de la république romaine. Il n'est
personne qui ne sache que sa politique n'avait qu'un objet, celui de faire des conquêtes, et que, si elle négociait, formait des liaisons d'amitié, ce n'était que pour
tromper et soumettre ses alliés comme ses ennemis. Si
les autres cités de l'Italie, consultant leur danger commun, se fussent réunies, Rome n'aurait point étendu ses
premières limites et ne serait point devenue la maîtresse
du monde.

(5) Nou avons déjà cité deux événemens du règne de
Louis XVI, qui viennent à l'appui de ce principe. (*Voyez
la note* 15 *du livre II.*)

(6) On peut prendre pour exemple les alliances entre
la France et la Suède. Abstraction faite de celle qui a
subsisté durant la guerre de trente ans, elles ont toujours

été inutiles, onéreuses, et quelquefois dangereuses. Elles étaient onéreuses par les subsides ; et leur inutilité résulte de la position géographique des deux pays, et surtout de celle de la Suède : d'ailleurs la France alliée de la Suède, peut difficilement l'être de la Russie. Quant aux dangers qui peuvent résulter d'une alliance avec la Suède, l'histoire en fournit la preuve. On sait qu'en 1679, après la paix de Nimègue, la France sacrifia une partie de ses intérêts pour sauver la Suède, et pour réparer les fautes de Charles XI. On sait également que la Suède manqua à la France dans les momens les plus critiques : cette dernière puissance en a eu un exemple frappant durant les négociations de Ryswick, où les plénipotentiaires suédois montrèrent une partialité révoltante contre Louis XIV. On peut ajouter le refus que fit en 1706 Charles XII, de terminer la guerre de la succession. D'un côté, et abstraction faite de ces considérations, comment la France peut-elle avec sûreté envoyer des secours à la Suède, c'est-à-dire pénétrer dans la Baltique avec une escadre ? En 1772, ce royaume étant menacé par la Russie mécontente de la révolution, Louis XV était résolu d'envoyer une escadre au secours de Gustave III ; et cette résolution fut confiée à la cour de Londres : cette cour, à la vérité, ne la blâma pas ; mais elle fit observer que si une escadre française entrait dans la mer du Nord, elle en enverrait une de son côté. Cette simple remarque, résultat d'une négociation secrète, fit sentir l'imprudence du projet, et détermina le ministère français à y renoncer.

(7) L'opinion générale a toujours été que l'alliance conclue en 1756, entre la France et la maison d'Autriche, a affaibli la considération de la première de ces puissances. Ce problème exigerait un grand développement; mais nous n'osons nous y livrer. Nous nous bornons à observer qu'il est constant que le traité dont il s'agit a effectivement porté atteinte à la considération du gouvernement français; mais cet effet, malgré tout ce que renferme à cet égard un écrit connu sous le titre de *Doutes et Questions* (écrit fondé sur une fausse base, c'est-à-dire sur un système d'ambition que la France n'avait point), ne fut aucunement le résultat nécessaire du traité en lui-même; il a été la conséquence des condescendances auxquelles le cabinet de Versailles se laissait entraîner durant le règne de Louis XV, et de l'abus trop fréquent que celui de Vienne faisait de son ascendant. Le retour aux vrais principes et le changement de système amenèrent un autre ordre de choses, et rectifièrent sinon l'opinion publique, du moins celle des hommes éclairés : aussi depuis la paix de Teschen l'alliance s'était-elle affaiblie, et n'était-elle presque plus que nominale. M. de Vergennes montra à cet égard plus de courage qu'on ne lui en supposait ; et ce courage était parfaitement soutenu par un ambassadeur (M. de Breteuil), qui savait allier la dignité et la fermeté avec les égards que des circonstances particulières rendaient indispensables.

(8) Au premier aspect, et même dans son principe, le traité de 1756 (*note précéd.*) était contraire à la mai-

son de Brandebourg, qui y avait donné lieu ; on pouvait
même le considérer comme dangereux pour la liberté
germanique : ce double sentiment dirigea invariablement
la politique de Frédéric II jusqu'à la mort de Louis XV ;
et si le monarque prussien l'eût pu, il aurait provoqué
la guerre pour rompre l'alliance : ne le pouvant point,
il profita de la faiblesse du cabinet français pour proposer et consommer le premier partage de la Pologne. La
rancune de Frédéric diminua insensiblement sous le règne de Louis XVI, et l'incident de la succession de Bavière le mit à même d'apprécier à sa juste valeur l'alliance
qui l'avait toujours tant offusqué : en effet, il se convain-
quit que cette alliance n'était ni un acte d'esclavage, ni
le produit d'une ambition déguisée, mais qu'elle était
autant conservatrice pour les puissances rivales de
la maison d'Autriche et pour tout l'empire, qu'elle
pouvait l'être pour les parties contractantes elles-mêmes
(*voyez liv.* II, *chap.* IV, *note* 7) ; et dès lors le roi de
Prusse songea moins à rompre l'alliance dont il s'agit,
qu'à maintenir la bonne correspondance qui s'était réta-
blie entre lui et la France. Ses dispositions furent forti-
fiées par la conduite de cette dernière puissance, lorsque
le caractère entreprenant de Joseph II parut menacer la
liberté de l'empire ; la crainte produisit la confédération
connue sous le nom d'*union germanique* : le gouvernement français la favorisa par ses conseils, partout où il
avait quelque influence ; on peut même assurer qu'il la
provoqua secrètement.

(9) C'est là ce qui détermina en grande partie l'alliance que la France contracta en 1778 avec les États-Unis de l'Amérique : l'Angleterre leur avait proposé une coalition contre Louis XVI. — Le même motif influa sur l'alliance que ce monarque conclut en 1785 avec les Provinces-Unies des Pays-Bas. Ne pouvant demeurer sans allié, elles devaient choisir entre la France et la Grande-Bretagne : l'intérêt qu'avait de son côté cette dernière puissance d'arracher les Bataves à l'influence française, la détermina à profiter de l'irrésolution du cabinet de Versailles, et à conclure en 1788 une triple alliance avec les États-Généraux et la cour de Berlin. (*Voyez la note* 14.)

(10) Je ne citerai qu'un exemple à cet égard. Dans le traité d'alliance conclu en 1756 entre les cours de Versailles et de Vienne, on ne fit aucune exception en faveur des Turcs, et cette omission indisposa le divan. Lorsque l'impératrice de Russie, Élisabeth, offrit d'accéder à ce traité, la France en instruisit la Porte, et celle-ci demanda que l'exception de l'empire ottoman fût énoncée. L'impératrice l'admit ; mais cette princesse exigea de son côté celle de la Gande-Bretagne. Il est aisé de sentir que ces dispositions réduisaient le traité à peu de chose ; car d'un côté, la France, avec une politique sage, a peu de guerres continentales à craindre, et la Russie ne devait point prendre part à celles que son allié aurait avec l'Angleterre, sa véritable rivale. D'un autre côté, l'empire de Russie n'avait guères d'attaques à craindre de la part des Turcs, et la France n'était point obligée de l'as-

sister. C'est là ce qu'on peut appeler des alliances nomi-
nales.

(11) Si les conducteurs des nations suivaient exactement la direction que leur donnent les principes du droit
des gens, c'est-à-dire la raison naturelle, leur politique
serait peu compliquée, la paix serait inaltérable, et il ne
serait point question de mettre les puissances en équilibre; mais ces conducteurs ont plus ou moins de passions:
la première, la plus active de toutes, c'est l'ambition déguisée sous mille formes diverses: elle a enfanté la jalousie, la convoitise, les prétentions, les démêlés, la
guerre, les conquêtes, l'inégalité de puissance, la rivalité, les intrigues avec leurs satellites, la corruption, les
haines, etc., et dès lors la paix a cessé d'être l'objet essentiel de la politique; on ne l'a plus cherchée que par las-
situde ou par impuissance; et elle ne dure qu'autant qu'il
ne se présente pas de chance heureuse pour la rompre,
dans la vue, soit de recouvrer des domaines perdus, soit
d'en acquérir de nouveaux. Tel est le cercle dans lequel,
depuis long-temps, tourne la politique; et elle ne cessera
de le parcourir, parce que l'ambition, qui l'a tracé, est
considérée comme indestructible, et qu'on ne cesse de
lui appliquer cette maxime: *crescit eundo*. Aussi, lors
même qu'elle est calme, qu'elle est assouvie, qu'elle n'a
plus rien à convoiter, on la croit toujours agissante; on
la craint toujours; on se tourmente ou pour prévenir ses
écarts présumés, ou pour s'y opposer, ou même pour
épier le moment propice pour s'emparer de ses dépouilles.

Tel est exactement et en peu de mots la politique pratique; et à voir ce tourbillon, à voir toutes les vicissitudes qu'ont subies alternativement tous les états, on dirait que la terre et ses habitans appartiennent exclusivement aux chefs qui les gouvernent, et que ceux-ci ont le droit indéfini d'en disposer à leur gré : tel est du plus au moins le cours ordinaire des choses, et telle est la véritable source du système d'équilibre.

Il est donc évident que ce système a pour objet d'arrêter les écarts de la cupidité, et de mettre un terme à des conquêtes qui, en détruisant toute proportion entre les puissances, exposeraient les faibles à être envahis, ou au moins les obligeraient à se soumettre à toutes les exigences du plus fort : on est forcé de convenir que lorsque les choses sont dans cet état, la tranquillité publique dépend d'une seule volonté, d'une volonté d'autant plus formidable, qu'elle n'a d'autre frein que celui de son propre intérêt, dont elle seule fait le calcul. Polybe avait déjà indiqué les bases du système d'équilibre; voici ses paroles : *Ne cujusquam principatus à vicinis sinatur in tantum crescere hostibus illius oppressis, ut pro libitu postea dominari in omnes possit.* — Si, contre la marche ordinaire des choses humaines, une nation élevée à ce haut point de puissance sait se concentrer en elle-même, si elle ne montre sa force que pour le soutien de la justice et de la paix, elle sera l'arbitre absolu de l'une et de l'autre; la jalousie, qu'elle doit regarder comme indestructible, sera impuissante, et son chef sera le bie n faiteur de l'humanité. — Dans le cas contraire, elle tient toutes les autres puissances dans la défiance et dans une inquiétude perpétuelle ; elles s'agitent, se tourmentent, négocient, intriguent ; on n'entend retentir que les mots ambition, alliance, équilibre, coalition : le danger est exagéré, souvent même supposé ; car en politique, comme dans le cours ordinaire de la vie, on suppose les choses probables dès qu'on les juge possibles : l'Europe présente l'image du flux et du reflux de la mer, et la plus légère bourrasque cause des naufrages.

(12) Ce sont les traités de Lunéville et d'Amiens. — Ce dernier a été d'autant plus honorable pour le gouvernement français, qu'il ne pouvait point appuyer ses demandes sur des succès maritimes. Quant au premier, il a étendu et consolidé la grandeur et la puissance prépondérante de la république française sur le continent. Les conséquences que peut avoir ce nouvel ordre de choses, offre un vaste champ aux méditations et aux calculs les plus profonds : mais ils ne sont point de notre ressort ; ils appartiennent exclusivement à la politique : elle seule a le droit de pénétrer dans l'avenir. — Nous nous bornons à observer que la France actuelle présente un phénomène unique dans les fastes des nations ; et la postérité sera sans doute, comme nous, frappée d'étonnement en contemplant l'homme qui au même instant, pour ainsi dire, a détruit la tyrannie intérieure, prévenu la guerre civile, vaincu au dehors des ennemis puissans, et donné la paix à l'univers.

(13) Nous ne parlons pas du prétendu équilibre politique dans l'empire d'Allemagne, car c'est une chimère; pour s'en convaincre, on n'a qu'à jeter un coup d'œil sur les différens états qui composent ce qu'on nomme la Confédération germanique. On verra deux puissances qui sont hors de toute proportion avec leurs co-états, qui leur font la loi dans les délibérations communes, et entre lesquels règne une rivalité indélébile. Ajoutons à cette première remarque que tous les membres de la confédération ont des rapports plus ou moins étendus avec les puissances étrangères; qu'ils contractent des alliances avec elles; que par là ils participent plus ou moins à l'équilibre général, et aux mouvemens qu'il occasione; que, par conséquent, quand même il existerait un équilibre particulier dans l'empire, il serait absorbé par le premier. Deux exemples suffiront pour rendre cette vérité sensible. Le premier est la guerre de la succession d'Autriche (1740) et le second celle de 1757.

(14) Le roi de Prusse, Frédéric Guillaume, s'écarta de ce principe et de la politique du grand Frédéric, son oncle. Nous avons déjà indiqué * les écrivains distingués qui ont donné les détails circonstanciés de ce fait : mais comme c'est un des événemens politiques les plus remarquables du dix-huitième siècle, nous croyons à propos d'en donner ici le précis.

Tout le monde sait que les Provinces-Unies furent for-

* Voyez la note 18 du livre II.

cées de prendre part à la guerre d'Amérique. On soup-
çonna en Hollande le prince stathouder de favoriser
sous main la cour de Londres, à laquelle sa naissance et
le système politique de sa maison, qui était aussi celui
des états-généraux, l'attachaient depuis Guillaume III. Ce
soupçon, bien ou mal fondé, mit entre le stathouder et
les états de la Hollande de la défiance, qui bientôt dégé-
néra en aigreur et en une brouillerie ouverte. Comme
le parti dit patriotique (c'était le parti français) avait le
dessus, il négocia, pour se fortifier, une alliance avec
la France; et elle fut conclue en 1785.

Ce nouvel ordre de choses inspira plus de confiance
aux patriotes; ils comprimèrent moins leur aversion pour
le stathouder; ils cherchèrent à multiplier ses torts; lui
reprochèrent des abus d'autorité; et les choses en vin-
rent au point que le prince quitta La Haye, et se retira
à Nimègue.

Cet état de choses n'entrait aucunement dans les vues du
cabinet de Versailles, et il employa toute son influence
pour calmer les esprits, de concert avec la cour de Berlin.
Mais les procédés rigoureux employés contre les villes
de Hattem et d'Ellenbourg portèrent l'animosité à son
comble, et les états de Hollande étaient au moment de
prendre les mesures les plus violentes : il ne s'agissait de
rien moins que d'abolir le stathoudérat.

Le roi de Prusse, Frédéric II, qui prenait peu d'intérêt à tous ces troubles, parce qu'il croyait plus utile
de maintenir les rapports qui s'étaient rétablis entre lui

et la France, que les prérogatives du stathoudérat, Frédéric, dis-je, mourut dans ces entrefaites. Son successeur, Frédéric-Guillaume, changea de marche; il manifesta beaucoup d'intérêt pour le stathouder, son beau-frère; et Louis XVI, désirant seconder cet intérêt, sans toutefois blesser son intérêt propre en abandonnant le parti patriotique, envoya en Hollande un homme de confiance pour tâcher de calmer les esprits, de les amener, s'il était possible, à une conciliation, et de maintenir le stathouder avec quelques modifications dans l'exercice de son autorité. Les patriotes, quoiqu'ils sentissent parfaitement que le stathouder de retour reprendrait bientôt son ancien ascendant, renoncèrent en effet aux mesures extrêmes qu'ils avaient préparées, et agréèrent le plan de conciliation qui avait été concerté avec l'envoyé extraordinaire du roi de Prusse, à La Haye (le comte de Goertz). Frédéric-Guillaume, de son côté, en manifesta sa satisfaction par écrit et par des déclarations verbales. C'est là essentiellement tout ce que cherchait, tout ce que voulait Louis XVI.

Mais le plan proposé ne fut point agréé par le stathouder, et l'on était de part et d'autre dans un état hostile, lorsque la princesse d'Orange se présenta sur la frontière de la province de Hollande, à l'insu des états, pour se rendre à La Haye : on l'empêcha de passer outre : ce procédé fut considéré comme une insulte par la cour de Berlin elle-même, et elle exigea une satisfaction éclatante. La France, sans examiner la nature du fait,

intervint pour la lui procurer, et proposa même plusieurs
expédiens pour contenter le roi de Prusse, sans compromettre les états de Hollande. Mais tout à coup Frédéric-Guillaume quitta le rôle de médiateur, en rassem-
blant dans la Gueldre un corps de troupes sous le commandement du duc de Brunswick.

Cette mesure très extraordinaire était un manquement
d'égard envers la France; elle donna l'éveil, et provoqua
des explications. Le cabinet prussien s'efforça de dissiper
l'ombrage qu'elle avaient donné, mais ne les changea
point; et il était question de la part de la France de former un camp d'observation à Givet; mais ce camp, or-
donné d'abord, n'eut pas lieu, parce qu'on exagéra les
dépenses qu'il occasionerait : cette inconséquence, dont
il serait inutile de rappeler les causes et les auteurs, ras-
sura le duc de Brunswick, et lui causa même la plus vive
joie. Cependant il ne cessait, à l'exemple de la cour de
Berlin, de rassurer sur ses intentions le comte de Golz,
ministre plénipotentiaire de Prusse à Paris; et le ministère français y prenait encore confiance, parce qu'il ne
pouvait concevoir que la Prusse, au lieu de chercher à
calmer les esprits, et à rétablir les choses par la conciliation, eût le projet de se brouiller avec la France pour
une querelle étrangère à tous ses intérêts politiques. Mais
au moment même où Berlin et le duc de Brunswick don-
naient les assurances les plus formelles, le duc fit subi-
tement une invasion hostile en Hollande, soumit cette
province, et ramena le stathouder à La Haye. Les états-

généraux furent aussitôt changés, les amis de la France expulsés et persécutés; et, non content d'avoir appuyé cette violente révolution, Frédéric-Guillaume fit incessamment après une triple alliance avec les Provinces-Unies et la cour de Londres, avec garantie du stathoudérat.

Il est facile à concevoir que ces étranges procédés brouillèrent les cours de Versailles et de Berlin, et qu'ils changèrent les rapports politiques des deux puissances. La France, dirigée par le même esprit qui avait fait évanouir le camp de Givet, et prévoyant d'ailleurs une nouvelle guerre avec l'Angleterre, qui venait de se mettre sur la scène, n'osa s'occuper des moyens d'effacer cette tache. Quant à Frédéric-Guillaume, son triomphe fut une grande erreur; car il le dépouilla du plus beau rôle que puisse jouer une puissance du second ordre, et que jouait véritablement Frédéric II. La Prusse, dégagée de toute alliance, pouvait non seulement se soutenir par elle-même, mais elle était sûre aussi de trouver des appuis dans tous les cas où elle serait menacée. D'un autre côté le roi de Prusse, libre, se trouvait l'intermédiaire, d'une part, entre la France et la Grande-Bretagne, de l'autre, entre la France et la maison d'Autriche; et de quelque côté qu'il se penchât, il pouvait emporter la balance sur le continent. Frédéric-Guillaume abandonna une position aussi brillante, aussi avantageuse pour ses intérêts, aussi flatteuse pour sa gloire et son amour-propre; et il se mit à la merci du cabinet de Londres pour ne plus jouer qu'un rôle très secondaire. — Et qu'est-ce qui résulta de là ? — C'est que la France fut forcée de resserrer les liens qui ne l'attachaient plus que faiblement à la cour de Vienne, et qu'elle rechercha l'alliance de Catherine II, alliance préparée par un traité de commerce, et dont la conclusion ne fut arrêtée, malgré l'opposition inconséquente de quelques ministres (Necker et la Luzerne), que par la révolution, qui détruisit tous les rapports de la France, et renversa toutes les idées politiques.

En approfondissant la conduite de la Prusse, on se convaincra facilement que les conséquences en avaient été mal calculées : on ne considérait point, d'un côté, que la France venait de recevoir une injure que les circonstances impérieuses où elle se trouvait pouvaient seules faire dissimuler; de l'autre, qu'on opprimait un parti considérable, et qu'il pouvait naître des circonstances (ce qui n'arrive que trop fréquemment dans les républiques) où il se relèverait avec fureur. Il semble donc qu'il eût mieux valu capituler que subjuguer. On ne saurait nier que la dernière révolution de la Hollande n'ait eu pour principe la faute commise en 1787 : le seul nom des acteurs en fournit la démonstration.

(15) Les efforts de la France sur le continent durant les guerres de 1740 et de 1755, furent la principale cause des succès de l'Angleterre sur mer, et de la paix désavantageuse qu'elle prescrivit au cabinet de Versailles. Lors de la guerre d'Amérique, la France était rassurée

du côté du continent par son alliance avec la cour de Vienne, et les dispositions amicales des cours de Berlin et de St-Pétersbourg; aussi les événemens de la guerre maritime furent-ils à son avantage, malgré les fautes que des circonstances particulières firent commettre. La Grande-Bretagne a à cet égard un énorme avantage : séparée du continent, rien ne l'oblige à participer à la guerre qui s'y établit, et elle peut la provoquer sans en craindre le contre-coup; elle en est quitte pour des subsides, tandis que les puissances continentales sont obligées de mettre au jeu de l'argent et des hommes, et d'exposer leurs états à être le théâtre de la guerre. Le cabinet de Londres sent parfaitement l'utilité de cette position; aussi ne se mêle-t-il en général des affaires continentales que lorsqu'il y voit un grand intérêt, un intérêt présent : de système fixe, permanent et calculé sur l'avenir, il n'en a probablement pas eu jusqu'à présent, ou plutôt son système est de n'en avoir aucun à cet égard. Les vues particulières du ministère ont toujours dirigé sa conduite, et cependant il n'a jamais manqué d'alliés au besoin : il n'a été en défaut que durant la guerre d'Amérique; il n'a trouvé sur le continent ni alliés, ni amis; et cette défection a été le résultat, d'un côté, de la sagesse du gouvernement français et de la confiance qu'on mettait dans sa modération; de l'autre, des principes rigoureux de l'Angleterre à l'égard de la navigation des neutres; principes alors diamétralement opposés à ceux de la France.

(16) On a reproché au cardinal d'Amboise, qui cependant était un grand ministre, d'avoir formé la fameuse ligue de Cambrai d'après ses seules idées, et sans avoir consulté.

Voici un exemple contraire d'un ministre dont on n'a jamais méconnu les talens, mais qu'on a accusé de légèreté. Le duc de Choiseul avait participé à la paix de 1763, et en avait partagé l'humiliation. En 1768 il croyait la France en état de se réhabiliter, et de punir l'Angleterre de l'abus qu'elle avait fait de ses succès : il était alors tout-puissant; il pouvait tout ce qu'il voulait; ainsi un seul mot de sa part au monarque, et la guerre était déclarée. Mais le duc de Choiseul se garda bien de suivre cette voie, il se détermina à soumettre la question aux délibérations du conseil d'état; elle y fut rejetée, et le ministre, quoiqu'il n'approuvât point cette décision, la respecta tellement, qu'il ne fit pas à Louis XV la moindre insinuation pour la faire révoquer.

(17) Le droit de légation des états de l'empire est très compliqué, et a de tous les temps donné lieu à des contestations : elles sont le résultat de la singularité de la constitution germanique, et elles ont enfanté de volumineuses dissertations de la part des publicistes allemands. Nous ne pénétrerons point dans ce dédale, pour ce qui concerne l'intérieur de l'empire, parce qu'il n'est point du ressort du droit des gens : mais nous croyons bien faire en indiquant succinctement ce qui concerne les membres du corps germanique relativement aux autres puissances.

L'empereur, en cette qualité, n'exerce le droit de nommer des ambassadeurs, au nom du corps germanique, qu'avec le concert de l'empire, lorsque les objets à traiter ont préalablement été fixés à la diète. Ceux qu'il envoie privativement sont reconnus, et jouissent de la préséance comme ambassadeurs impériaux.

Les états ayant le droit, quoique limité, de guerre, de paix et d'alliance, ont, par une conséquence nécessaire, celui d'avoir des agens politiques. Les électeurs peuvent envoyer des ambassadeurs à la cour impériale; mais ce droit, quoique non contesté en lui-même, a toujours éprouvé au dehors des difficultés de rang et de cérémonial : les ambassadeurs électoraux prétendent le rang sur ceux des républiques, et entre autres en France on ne leur accordait point le droit de se couvrir.

Les princes-états de l'empire *d'ancienne maison*, accréditent des ministres du second ordre; ils réclament vainement celui de nommer des ambassadeurs. On n'admet point de ministres de la part des princes de *nouvelle création* : on comprend sous cette dénomination ceux qui ont été introduits à la diète au collége des princes, depuis 1500. On n'avoue point non plus aux comtes le droit de légation, comme n'ayant à la diète de l'empire qu'un suffrage collectif et non individuel, ou viril : ils nomment des chargés d'affaires ou agens. Les villes impériales et l'ordre équestre n'ont également que des agens ou des députés : ils sont sous la protection du droit des gens.

(18) En 1791, il s'éleva une discussion à ce sujet entre les cours de Versailles et de Vienne. Joseph II, en sa qualité d'empereur, avait écrit à Louis XVI au sujet des princes allemands possessionnés en Alsace. Le roi répondit en français, et la chancellerie impériale refusa de recevoir la lettre, exigeant qu'elle fût en latin, conformément au style usité à la diète. On fit observer de la part de la France, que l'empereur d'Allemagne n'avait rien à lui prescrire, et que les usages de la diète ne pouvaient faire loi pour les autres états; cependant pour ne pas prolonger les pourparlers sur un objet aussi minutieux, on se détermina à joindre une traduction latine à l'expédition française, qui demeura la seule authentique.

(19) L'histoire de Louis XI nous fournit à cet égard un exemple digne d'être rapporté. Martigny, évêque d'Elne, avait été chargé (1478) de négocier une troisième trêve avec Edouard IV, roi d'Angleterre; ses instructions portaient qu'il ne devait point comprendre dans le traité les ducs de Bourgogne et de Bretagne, ni consentir que le roi fût soumis aux censures ecclésiastiques, s'il discontinuait de payer à celui d'Angleterre une pension annuelle de cinquante mille écus, à moins qu'Edouard ne se soumît à la même peine, dans le cas où il romprait la trêve. Martigny outrepassa ses instructions sur ces deux points; Louis XI mécontent le rappela quelque temps après, et chargea le parlement de lui faire son procès: Martigny se défendit en observant, entre autres, que le roi lui avait confié verbalement que

son principal objet était de conserver la paix avec l'Angleterre; que cet objet aurait été manqué sans les deux clauses dont il s'agit, et qu'il avait mieux aimé s'exposer au désagrément d'un désaveu pour donner au roi le temps de se reconnaître, que de manquer sans retour le but principal de sa mission. Le parlement ne put trouver Martigny coupable, et Louis XI continua de payer les cinquante mille écus.

Un fait à peu près de la même nature se trouve dans l'histoire d'Angleterre. La cour de Londres était menacée (1739) de la guerre avec l'Espagne; elle se méfiait de la France, et le ministère recherchait avec d'autant plus d'ardeur des alliés, que ses adversaires lui reprochaient de laisser leur pays dans l'isolement. Il négocia donc en Suède et en Danemarck. Saint-Séverin, ambassadeur de France, fit échouer ses tentatives à Stockholm; mais elles réussirent à Copenhague. Chavigny, ministre de France, avait, par des offres considérables, rendu infructueuses celles de Titley, ministre d'Angleterre. Ce dernier se trouvait d'autant plus embarrassé, que ses instructions étaient très limitées : il jugea qu'en demandant de nouveaux ordres, il perdrait sans retour un temps précieux; ainsi, appréciant l'importance de l'objet de sa négociation, il se détermina de lui-même à faire des offres plus avantageuses que celles du ministre de France; elles furent acceptées. Le traité fut signé au moment où on s'y attendait le moins, et il fut vivement applaudi en Angleterre.

Wiquefort (*l'Ambassadeur et ses fonctions*, section
V), rapporte plusieurs faits de même nature, entre autres celui du cardinal d'Ossat, négociant à Rome l'abso-
lution de Henri IV; les réflexions de cet habile négociateur citées par Wiquefort, méritent d'être bien médi-
tées.

Je vais maintenant citer un exemple qui, de nos jours,
a eu les conséquences les plus importantes. Lors des négociations de paix entamées en 1782, entre la France,
l'Espagne et l'Angleterre, le roi catholique avait exigé
comme condition *sine quâ non* la restitution de Gibraltar contre un équivalent, et il laissa à la France le soin
de la négociation et de l'équivalent, en lui offrant pour
dédommagement la partie espagnole de Saint-Domingue.
Cette proposition fut agréée éventuellement; et on négocia en conséquence à Londres la cession de Gibraltar.
Le ministère britannique accéda au principe; et il ne
s'agissait plus que de déterminer l'équivalent : la France
en proposa deux, en laissant l'alternative au ministère
anglais; mais on craignit tout-à-coup en France que les
équivalens proposés ne produisissent un mauvais effet,
et n'excitassent des murmures. Le ministère anglais, de
son côté, craignit également le mécontentement de la nation, par rapport à la cession d'une place à laquelle,
malgré son peu d'importance, l'opinion nationale atta-
chait un grand prix. Ainsi, en Angleterre comme en
France, on désirait avec un vif intérêt de revenir sur ses
pas : mais on voyait un obstacle invincible, c'était la

volonté péremptoire du roi catholique. Confident de ce double embarras, et voyant l'espoir de la paix au moment de s'évanouir, le négociateur français à Londres prit sur lui de saisir une occasion favorable pour offrir au ministère anglais son entremise à Versailles, malgré les sentimens bien connus de Charles III, et le caractère inflexible de ce monarque; mais ne voulant point se mettre en avant les mains vides, on l'autorisa à proposer les deux Florides pour prix du désistement. En transmettant cette proposition à Madrid, on prévoyait un refus, ou au moins des délais très préjudiciables: on communiqua donc les deux propositions au comte d'Aranda, et cet ambassadeur, malgré les instructions les plus impératives et les plus absolues, prit sur lui de déclarer au nom de son roi, qu'il renonçait à Gibraltar, et acceptait les Florides. Cette déclaration leva tous les obstacles, et la paix fut conclue malgré le mécontentement bien prononcé de la cour de Madrid. M. d'Aranda avait prévu ce mécontentement, et même sa disgrace; mais ces réflexions ne l'arrêtèrent point: il ne voyait que l'alternative de la guerre et de la paix pour un simple objet de convenance; il voyait également la chute de deux ministères désirant franchement, au mépris des basses intrigues pour la prolonger, la fin d'une guerre ruineuse, et devenue sans objet par la reconnaissance de l'indépendance des États-Unis. L'histoire fournit peu d'exemples d'un tel caractère et d'un tel dévouement, et elle doit placer le comte d'Aranda parmi les hommes qui se sont illustrés dans la carrière politique.

Un désaveu formel et d'autant plus remarquable qu'il
était loin d'être mérité, est celui qui fut donné à un autre homme non mois célèbre que M. d'Aranda. Il n'y a
personne qui ne se rappelle les troubles qui agitèrent la
Pologne à la suite de l'élection de Stanislas Poniatowski.
On sait que ses ennemis se confédérèrent en 1768, et que
les Turcs, pour les soutenir, déclarèrent la guerre à la
Russie. Il s'agissait, de la part de la Fra   , de les déterminer à cette démarche, et le duc de Choiseul, alors
ministre des affaires étrangères, mit dans cette vue une
somme considérable à la disposition du comte de Vergennes, alors ambassadeur à la Porte. Ce dernier refusa
de la toucher. Il manda que la voie de la corruption était
impraticable ; qu'il serait inutile de la tenter. Cette conduite fut traitée de petitesse, d'ineptie, d'incapacité, et
le rappel de l'ambassadeur en fut l'effet immédiat. Mais
M. de Vergennes n'était pas resté oisif ; il employa d'autres moyens plus honorables pour persuader le ministère ottoman, et l'ambassadeur était à peine parti que les
Turcs déclarèrent la guerre à Catherine II.

(20) Le cardinal d'Ossat mettait un grand prix à l'o-
pinion qu'on avait de sa sincérité et de sa bonne foi ;
mais cela ne l'empêchait point, malgré sa répugnance,
de prévenir les surprises et les ruses de la cour de Rome,
en se servant des mêmes armes qu'elle. La nécessité lui
en imposait la loi ; et certes on blâmerait à tort un négociateur qui est forcé d'en user ainsi vis-à-vis des gens
qui veulent le tromper.

(21) Y a-t-il rien qui puisse discréditer davantage un négociateur qu'une ignorance semblable à celle de ce ministre qui croyait Gibraltar en Afrique ; ou de certain homme d'état de nos jours qui menaçait la cour de Lisbonne de faire bloquer tous ses ports de la Méditerranée ?

(22) A l'appui de ce qui est dit dans le texte, on peut encore citer le cardinal d'Ossat : on trouvera, dans sa lettre 12 au roi Henri IV, la manière dont il se justifie d'un mensonge nécessaire. On voit dans la même lettre l'exemple d'un négociateur qui agit de lui-même et sans le commandement de son maître.

FIN DES NOTES DE L'APPENDICE.

TABLE DES CHAPITRES

CONTENUS

DANS LE DEUXIÈME VOLUME.

LIVRE TROISIÈME.

FIN DE LA TABLE.

TABLE ANALYTIQUE

DES MATIÈRES.

(Le chiffre romain indique le tome ; le chiffre arabe, la page.)

A.

AGE

Abandon. Doit être absolu pour justifier la prise de possession de l'objet abandonné, I, 295. — Ne peut être présumé, *ibid.* (Voy. *Déréliction.*)

Abdication. Résout le pacte entre une nation et son souverain, I, 66. — Ses effets dans les états héréditaires et dans les états électifs, *ibid.*

Administration. Changemens dans sa forme à éviter dans les pays conquis, II, 91, 157. — Son unité, système moderne. — Important sujet de méditation. — S'opère rarement sans froisser les droits particuliers, 157.

Acadie. Querelle sur ses limites, cause de la guerre de 1755 entre la France et l'Angleterre, I, 346.

Agens politiques. Qualifications sous lesquelles ils sont connus, I, 326, 392. — Représentent plus ou moins leurs souverains, *ibid.* — Jouissent d'immunités particulières, 326. — Leur principal attribut est l'inviolabilité, 327 et 382. — Dans quels cas elle peut cesser, II, 256. — Importance de les bien choisir, 227. — Leurs devoirs, leurs fonctions, 244, 376. — Le droit de les nommer attribut de la souveraineté, 245. —

ALL

Exceptions, *ibid.* 306. (Voy. *Ambassadeur, Ministres publics, Immunités.*)

Agriculture. Est le fondement de la richesse nationale, I, 126. — La base de l'ordre social, *ibid.* — Moyen de la faire prospérer, *ibid.*

ALEXANDRE VI. Sa bulle sur les découvertes des Espagnols, I, 347.

Alliances. Ont pour objet la sûreté des nations, I, 268. — Leurs causes, 269. — Droit de les conclure, l'un des principaux attributs de la souveraineté, 270, 352. — Particularité à cet égard dans l'ancienne constitution germanique, 353. — Il ne saurait y en avoir avec des rebelles, 270. — Leurs diverses espèces, *ibid.* — Obligations qui en résultent, 280. — Sont toujours contractées ou censées contractées librement, 280, 360. — Jusqu'où s'étendent les obligations qu'elles imposent ? 282. — Quand cessent-elles ? 282 et suiv. — Dans quels cas une des deux parties peut-elle refuser de les remplir ? *ibid.* 284. — Dans le cas de plusieurs alliances, la préférence est due à la plus ancienne, 284, 285. — Si elles sont contradictoires, en cas de refus de suire

les facultés physiques et morales de l'homme, I, 169, 170.

Anarchie, I, 39, est souvent le résultat de l'extrême égalité.

ANGLETERRE. Sous le titre de monarchie se rapproche des institutions républicaines, I, 50. — Moyens légaux qui y existent d'arrêter les entreprises inconstitutionnelles du pouvoir exécutif, 226.—Se prétend souveraine de la Manche, 372.—Propose aux Etats-Unis une coalition contre la France, II, 195.

ARANDA (Comte d'). Malgré ses instructions prend sur lui, dans la négociation de la paix de 1783, de renoncer à Gibraltar et d'accepter les Florides, II, 311.

Arbitres. Leurs fonctions, II, 110. —Leurs devoirs, 111.

ARGOU, cité au sujet de la prescription, I, 369.

Aristocratie. Définition, I, 38.

ARISTOTE. Sens qu'il donne au nom de *tyran*, I, 41.—Son opinion sur le gouvernement monarchique, 108.—Comment il définit l'égalité, 115. —Cité sur l'éducation publique, 249.

Armateurs. Faisant la course sans lettres de marque ou sous un autre pavillon que celui de leur pays, peuvent être traités et punis comme forbans, II, 69.

Armées stipendiées.—Leurs avantages, II, 39.

Armistice. (Voy. *Trêve*.)

Assassinat. Est-ce un moyen permis à la guerre? II, 17.

Aubaine (*Droit d'*). Fait passer au fisc la succession des étrangers, I, 323. — Est absurde et odieux? *ibid.*— Son origine, 320. — Son abolition successive, 381.

Autorité paternelle. — Sa source, I, 19.—Origine et premier modèle de toute autre autorité, 172, 174.

AUTRICHE (Maison d'). Sa rivalité contre la maison de Bourbon cause du système d'équilibre, II, 191.

Auxiliaires. Définition, II, 49.

B.

BACON. Qualités qu'il exige d'un juge, I, 89.

BARBEYRAC. Son opinion sur les immunités des ambassadeurs, I, 386.

BELGES. Ont dû la conservation de leurs privilèges à l'intervention des puissances étrangères, I, 186.

BERNE. Gouvernement aristocratique, I, 203.

Besoins. Sont l'origine des premiers rapports de l'homme avec ses semblables, I, 19.—Source de l'autorité paternelle, *ibid.*—Et de l'existence sociale de l'homme, 20.

BLACKSTONE. Ses idées sur l'origine et la nature de la propriété, I, 179. — Réflexions au sujet du jury, I, 232.

Blocus d'une place forte. Moyen licite quoique extrême, II, 42.

BODIN. Ce qu'il dit sur l'esprit de domination, I, 201. — Conseille de n'entreprendre la guerre que pour éviter un mal plus grand, II, 133.

Bombardement. Moyen extrême auquel on ne doit avoir recours que lorsque l'absolue nécessité l'exige, II, 42.

BURLAMAQUI. A traité du droit naturel dans le plus grand détail, I, 179. — Son opinion sur le silence de la loi, 229.

BUAT. Exposé qu'il fait du cas d'un prisonnier de guerre qui commet un délit dans le pays où il est détenu, II, 25.

BYNKERSHOEK. Sa doctrine sur les immunités des ambassadeurs, I, 386. — Son opinion sur les défenses que l'on peut faire aux ambassadeurs, 389.

C.

existé indéfinie, I, 131.—Est incompatible avec l'état actuel de l'industrie européenne, *ibid.* 132.— Restrictions qu'elle subit. — Leurs avantages ou inconvéniens, *ibid.*

Commerce (*Traités de*), doivent être fondés sur la réciprocité, I, 265. —Inconvénient de négliger ce principe, *ibid.*, 350.

Communications (*les*) *de nation à nation.* Quelles en sont les règles, I, 262, 263.—Donnent naissance à diverses conventions, 264, 350.—Doivent être favorisées, 264.

Confédérations. (Voy. *République.*)

Confiscation. Excède en général les bornes de la vindicte publique, I, 111. —Cas où elle peut être admise, 112.

Conquête. Définition, II, 90 —Ses effets, *ibi l.* — Droits du conquérant, *ibid.*—La propriété qui en résulte ne peut être établie que par un traité, 91.—Est-elle un titre suffisant pour établir la souveraineté sur les habitans du pays conquis? *ibid.*—Légitimée par le consentement des habitans, 92, 157.

Conquête (*Droit de*). Ses limites, I, 65.—Légitimé ordinairement par une fiction de droit, 215.—Principe sur lequel il repose, II, 81. — Ne donne que la jouissance momentanée, 83.

Conquêtes. Leur but et leur terme, II, 94.—Poussées trop loin elles sont désavouées par la justice et par le véritable intérêt national, 99, 158. — Unique objet de la politique des Romains.

Conseil. Est nécessaire pour gouverner, II, 170, 238, 306.

Conseil de commerce. (Voy. *Commerce.*)

Conservation (*Sentiment de propre*). Est le premier objet de l'instinct et la source immédiate de l'amour de soi et de l'intérêt personnel, I, 17, 18.—Est la première condition de

l'association des hommes, 21; et la base des rapports entre les diverses associations politiques, 2 ς, 178.

Contrebande de guerre. Définition, II, 62.—Différence entre la contrebande de guerre et la contrebande marchande, 146. (Voy. *Munitions de guerre.*)

Contributions (Voy. *Impôt.*)

Contributions de guerre. (V. *Guerre.*)

Convenance. Cas dans lequel le vainqueur est autorisé à la chercher, II, 100.

Convenance (*Droit de*), II, 94.— A causé nombre de guerres. — Compose presque tout le code de la politique, *ibid.*

Conventions entre ennemis. Sont obligatoires, II, 75, 154. — Diverses espèces, *ibid.*, et 155.—Sont générales ou particulières, limitées ou illimitées, *ibid.* — Les généraux autorisés à en conclure, *ibid.*

Conventions entre particuliers. Sont les premières lois des citoyens. — Leur forme seule doit être réglée par la loi, I, 105.

Convoi armé. Restreint-il ou non le droit de visite? II, 66, 153.

Correspondance d'un ambassadeur, II, 257. — Son importance, *ibid.* — Direction à ce sujet, 258.

Corruption. Un ambassadeur peut-il l'employer? II, 278.—Cas où elle peut être permise, 279.

Corsaires. Nom donné aux armateurs particuliers, II, 69.—Leur conduite souvent irrégulière, 70. — Les prisonniers qu'ils font appartiennent à l'état, 71.—Comment ils doivent les traiter, *ibid.* (Voy. *Armateurs.*)

Course. Usage immoral, II, 70.— Intérêt qu'auraient toutes les nations à l'abolir, 71.

Crédit. Ne peut exister sans confiance dans la stabilité, la justice et la bonne administration d'un gouvernement, I, 245.

CROMWELL. Sous sa domination absolue l'Angleterre s'appelait république, I, 40. — Son histoire fournit un exemple remarquable de représailles, 377.

CUIAS. Regarde la prescription comme contraire au droit des gens et à l'équité naturelle, I, 371.

Culte. Doit être sous la surveillance du gouvernement, I, 151. — Avanta-ges de son uniformité, 152. — Protection qui doit lui être accordée — ne saurait être illimitée, 152, 153. — Avantages de sa publicité, 153. — Importance des fonctions de ses ministres. — Leur salaire, 153, 154, 254. — Leur état politique, 154, 255. — Un gouvernement doit-il défrayer tous les cultes indistinctement ? 255.

D.

DANNEMARK. Etat constitutionnellement despotique, I, 190. — Sa loi royale, *ibid.* — Son code judiciaire, *ibid.* — L'usage du Sund ne lui appartient pas exclusivement, 374.

DAPPER. Discours qu'il rapporte d'un Cafre, fait prisonnier par les Hollandais, I, 368.

Déclaration de guerre. (V. *Guerre.*)

Dégât. Dans quel cas il est ou n'est pas licite, II, 14.

Délits. Sont privés ou publics, I, 106. — Les peines doivent leur être proportionnées, *ibid.*

Démagogie. Est produite par l'extrême égalité, I, 39.

Démocratie. Définition, I, 38. — Dégénère en démagogie, I, 39 et 204.

Déréliction. Dans quel cas elle existe I, 292.

Désaveu (Exemples de), 308, 312.

Despotisme, I, 35. — Définition, I, 35, 36. — A la même source que la liberté, 36, 199. — Examen de cette espèce de gouvernement, 188, 198.

Détroits. Leur usage se règle d'après celui des mers auxquelles ils communiquent, I, 298.

Dettes. Des ambassadeurs et autres ministres publics, I, 329, 383. — Des souverains qui voyagent en pays étrangers, 339.

Dignité. Ce mot a plusieurs significations, I, 336. — Est vague et in-déterminée relativement au droit des gens, *ibid.* — Est une chose importante entre souverains, 337. — Celle du souverain inséparable de celle de l'ambassadeur, II, 275.

Discrétion (Troupes qui se rendent à). II, 29. — Comment doit-on se conduire à leur égard? *ibid.*

Dissimulation. Cas où elle est nécessaire, II, 280.

Domaine éminent. Ce qu'on entend par là, I, 180. — Doctrine de Vattel à ce sujet, 181.

Droit coutumier. Définition, I, 7.

Droit d'aubaine. (Voy. *Aubaine.*)

Droit de conquête (Voy. *Conquête.*)

Droit de grace. (Voy. *Grace.*)

Droit de guerre. (Voy. *Guerre.*)

Droit de légation. (Voy. *Légation.*)

Droit de naufrage. (V. *Naufrage.*)

Droit de pêche. (Voy. *Pêche.*)

Droit de postliminie. (Voy. *Postliminie.*)

Droit de premier venu. (Voy. *Premier venu.*)

Droit de visite. (Voy. *Visite.*)

Droit de navigation (Voy. *Navigation.*)

Droit des gens. Conventionnel. I, 7, 260. — Parfait et imparfait, 8. — Interne et externe, 8. — Son objet, 25. — Est synonyme de *Code des nations,* 25. — Expression impropre, 179. — *Originel.* Est la règle commune que la raison naturelle prescrit aux nations entre elles, 259 et 313.

Droit naturel. Définition qu'en donne Justinien, I, 169. — Puffendorff et Burlamaqui en ont traité avec le plus grand détail, I, 176.

Droit public. Comprend ordinairement le régime intérieur de chaque état. — Appliqué aux nations signifie les rapports établis entre elles, I, 5.

Droit public universel. Fausse dénomination donnée au droit des gens, 5.

E.

Education. Son importance, I, 137, 248. — A pour objet la morale publique et privée, 138. — Comment elle était dirigée chez les anciens, 248.

Égalité. Produit l'anarchie, I, 39. — Dans l'état de nature et dans l'état social, 53. — Intimement liée à l'indépendance et à la liberté, 54. — Détruite par l'hérédité, 59.

Égalité civile. Doit être générale ou n'existe point, I, 55.

Égalité de rang. Ne saurait exister. — Est incompatible avec l'ordre social, I, 55, 56, 212.

Égalité politique. N'a aucune base pratique, I, 54.

Embargo. Sorte de représaille, I, 315. — Règles à ce sujet, 316.

Émigration. Peut être punie par la confiscation en certains cas, I, 112. — Dans quels cas elle est autorisée par le droit naturel, 119.

Empereur. Ce titre ne donne ni prééminence ni augmentation d'autorité, I, 37. — Inférieur chez les Romains à celui de roi, *ibid.*

Empoisonnement. Ne peut se justifier par le droit de la guerre, II, 19, 20.

Emprunts. Substitués aux impôts extraordinaires, I, 124, 244. — La facilité d'en faire peut exciter à des dépenses superflues, 125.

Engagement réel. Porte sur les choses, I, 362. — *Personnel.* Concerne la personne, *ibid.*

Engagement (Gage). (Voy. *Hypothèque*).

Engagiste. Aucune prescription n'existe en sa faveur à moins de stipulation expresse, I, 289.

Ennemi. Sa propriété n'est acquise que par un traité, II, 83, 156.

Épave. Dans quel cas on peut considérer comme tel un vaisseau naufragé, I, 305.

Équilibre. Son maintien peut-il être un sujet légitime de guerre? II, 4. — Quand il est rompu par un traité, à quoi le droit des gens autorise-t-il les nations inférieures? 7. — Distinction entre le droit des gens et la politique sur cette question, 7. — A été la cause de deux guerres mémorables, 134. — Fondement de la politique moderne, 158. — Maritime. — Difficulté de l'obtenir, 221. — Particulier d'un état, 218. — Déterminé par sa position géographique, 219, 299. — Politique dans l'empire d'Allemagne est une chimère, 299.

Équilibre (Système d'). A dû sa naissance à la rivalité des maisons de Bourbon et d'Autriche, II, 191. — Principal mobile de la politique européenne, *ibid* — Ses effets, *ibid.* et 192. — Arrête les envahissemens, 202, 210, 211, 218 et 296.

Esclavage. Est-il ou non contraire à la loi naturelle? I, 73, 221. — L'homme a la faculté de s'y soumettre, 76. — Un père ne peut y soumettre ses enfans, 76. — Ne peut être

imposé à aucun homme par un autre.
—Exception à cette règle, 77.—Résultant du droit de la guerre, 77. —
Un peuple peut-il s'y soumettre? 78.

Esclavage des nègres. Examen de cette question, I, 79, 224, 225.

ESPAGNE. Sa querelle de limites avec le Portugal au 15ᵉ siècle, I, 346.

Espionnage. Toléré, souvent même nécessaire, II, 20.

Esprit. Quel est celui qui convient le mieux, pour la conduite des intérêts politiques? II, 229.

Esprit militaire. Est-il nécessaire pour l'entretenir d'enseigner à tous les citoyens dès l'enfance le métier des armes? I, 116. — Introduit la manie des grandes armées, *ibid*.

État (Salut de l'). Si la loi n'y pourvoit pas le souverain doit y suppléer, II, 185.

État militaire. (Voy. *Militaire*.)

États. Du second et du troisième ordre, II, 189.—Leur sûreté assurée par la rivalité des grandes puissances, *ibid*. Leur marche subordonnée, 189.
—Conduite qu'ils doivent tenir, 190, 219.—Leur action, 220.

États électifs. Définition, I, 58. —Inconvéniens auxquels ils sont exposés, 63, 215.

États héréditaires, I, 56.—Définition, *ibid*.—Sont de diverses sortes, 57. — Ne peuvent être considérés comme le patrimoine du prince, 64, 65. (Voy. *Hérédité*).

ÉTATS-UNIS de l'Amérique. Liés par une association fédérative, I, 39.
—Exemple unique qu'ils présentent, 186. —Résumé de l'histoire de leur révolution, II, 127.

Étiquette. Source de tracasseries, I, 334. (Voy. *Rang*.)—Gêne dont on se débarrasse quand le désir de la paix est sincère de part et d'autre, II, 105.

Étrangers (Droits et obligations des), I, 320. — Justiciables du pays qu'ils habitent, 321.—Avantages à leur accorder, 321. — Restrictions à y apporter, 323.—Doivent être assujettis à toutes les charges que supportent les indigènes, 324. — Réfugiés dans un état, quelle conduite tenir à leur égard? 324.

EUROPE. Sa politique générale depuis Charles-Quint, II, 198.

EUROPÉENS. Ont violé tous les principes de la loi naturelle dans les conquêtes qu'ils ont faites dans les Indes, en Afrique et en Amérique, I, 368.

F.

FABIUS-MAXIMUS. Paie la rançon de 240 prisonniers sur le refus du sénat, I, 359.

FERDINAND II. Est le premier qui accorde le titre de majesté aux rois de France, I, 203.

Fleuves (les). Considérés comme limites exigent une attention particulière, I, 261, 306, 310, 376.—Sont susceptibles de propriété, 306. — Travaux sur les rives ou dans le lit d'un fleuve, 309. — Pêche des fleuves, 310.

Force publique. Doit suffire pour protéger sans donner d'inquiétude, I, 115.

Forces maritimes. Leur grande influence. — Leurs avantages, II, 221.

Fourberie. Réussit rarement, II, 282.—Ne saurait être excusée par le succès, *ibid*.

FRANCE. Ses vicissitudes depuis 1789, I, 40. —Garante de la cession faite par l'Autriche à la Prusse de la Silésie, 167. — Garante de la paix

de Belgrade 1738, et de celle de
Teschen 1779, II, 161.

François Ier. Son exemple proposé
aux souverains, I, 337.

Franklin. Décision qu'il rapporte
du gouvernement d'Alger au sujet de
l'esclavage, I, 225.

Frédéric II. Ne s'est pas entièrement justifié de l'incendie des faubourgs de Dresde, II, 17. — Comment il prétendit justifier l'invasion
de la Saxe en 1756, 156. — Profite
de la faiblesse du cabinet français
pour consommer le premier partage
de la Pologne, 294. — Change de
sentimens à l'égard de la France vers
la fin de son règne, *ibid.*

Frédéric Guillaume II. S'écarte
de la politique du grand Frédéric, II,
299. — Son intervention dans les affaires de Hollande, *ibid.* — Conclut
une triple alliance entre ce pays et
l'Angleterre, 303. — Cette alliance,
grande erreur en politique, *ibid.*

G.

Garantie. Définition, I, 285. —
Diverses espèces de garantie, *ibid.* —
Dans quels cas la garantie peut-elle
être exercée? 287. — Droit d'examiner si le cas de la garantie existe réellement, 288. — Ne peut servir à soutenir l'injustice, *ibid* et 367. — Donnée par les médiateurs (Voy. *Médiateur*).

Gènes. Gouvernement aristocratique, I, 103.

Gouvernement. Liberté des hommes
de choisir celui qui leur convient, I,
31, 32, 33. — Obligation d'être fidèle à celui qui est adopté, 23, 182,
184. — Manière d'opérer les changemens devenus nécessaires dans sa
forme, 33, 185, 188.

Gouvernement militaire. Est toujours
arbitraire ou anarchique, I, 116.

Gouvernemens. Leur origine, I, 17,
22, 181. — Leurs différentes formes,
29, 35, 203. — Leurs élémens primi-
tifs, 31. — Avantages et inconvéniens
de leurs diverses formes, 42, 43,
205, 206. — Leur objet, II, 165. —
Ils doivent tous s'appuyer plus ou
moins sur la crainte, 182.

Gouvernemens mixtes. Participent à
toutes les autres formes de gouvernemens, I, 40, 204. — Peuvent porter
également la qualification de république ou de monarchie, 40. — Toujours placés entre le despotisme et
l'anarchie, *ibid.*, 204.

Grace (Droit de). Attribut de la
souveraineté, I, 110, 231. — Ne doit
pas être délégué. — Doit être assujetti
à des formes qui en préviennent l'a-
bus, 110, 236.

Grande-Bretagne (Voy. Angleterre).

Grecs. Respectaient les droits des
nations neutres, II, 145.

Grotius. Son opinion sur l'autorité paternelle, I, 173. — Sur le silence de la loi, 229. — Comprend
sous le nom d'alliance les simples
traités d'amitié, 275. — Fonde la
prescription sur l'abandon exprès ou
présumé, 370. — Sa discussion avec
Selden sur la liberté des mers, 371.
— Son opinion sur les dettes des ambassadeurs, 389. — Dit qu'il y a autant de causes de guerre que de sources d'actions judiciaires, II, 123. —
Ce qu'il dit au sujet d'une guerre
injuste, 132. — Admet l'esclavage des
prisonniers de guerre, 140. — Cité
au sujet du talion, 142. — Confond
l'occupation par la conquête, avec la
propriété, 156.

Guerre. Son origine et ses causes,
II, 1. — Tient lieu entre les nations du

pouvoir judiciaire, 2, 82, 123. —
La violation du droit conventionnel
et du droit coutumier en sont une
juste cause, II, 123. — Cas dans lesquels elle est injuste, 2, 131. — Les
effets d'une guerre injuste, les mêmes
que ceux d'une guerre juste, 3. — A
qui appartient le droit de la faire? 9.
— Ses effets en général, 80. — A
l'égard des traités, 87 —Sans déclaration préalable est une violation de
la foi publique, 12, 137. — Choses
licites ou défendues d'après ses lois,
14.

Guerre de 30 *ans.* Ses causes et ses
résultats, II, 126.

Guerre civile. On doit y suivre les
règles ordinaires de la guerre, I, 62.
Est-il permis de la fomenter chez
un ennemi déclaré? II, 130.—La nation qu'elle déchire cesse d'être nation, 225.

Guerre maritime. Ses règles et ses
effets particuliers, II, 55. 146. —
Difficulté de la soutenir en même
temps qu'une guerre de terre, 222,
304.

Guerre (*Contrebande de*). (Voy.
Contrebande.)

Guerre (*Contributions de*). Droit du
vainqueur à ce sujet, II, 41.—Limites de ce droit, 143.

Guerre (*Déclarations de*), II, 11,
135.—Nécessaires pour fixer l'époque des hostilités, 11.—Leur forme,
12, 137, 138.— Ne sont pas nécessaires de la part de la puissance attaquée,
12.—Doivent être notifiées aux puissances neutres, *ibid.*

Guerre (*Droit de.*) Maxime fondamentale sur laquelle il repose, II,
80.

Guerre (*Munitions de.*) Difficultés
sur l'application de cette expression,
II, 62, 148.

Guerre (*Ruses de*). (Voy. *Ruse*).

H.

Habitans. Quelle doit être leur
conduite dans le cas d'invasion d'un
ennemi supérieur? II, 44.

Habitans des pays conquis, II, 38.
—Cas où ils peuvent être soumis à
toutes les rigueurs de la guerre, 40.
—Armés en masse ne sauraient agir
au-delà de leurs propres limites, 39.
—Droits du vainqueur à leur égard,
40, 143. — Ne peuvent devenir ses
sujets sans leur consentement exprès
ou présumé, 92.

Hasard. N'existe point relativement
à la nature, I, 182. — N'est relatif
qu'à l'homme, *ibid.*

Heineccius. Rapporte la distinction établie par le droit romain entre
l'usucapion et la prescription, I, 369.

Hérédité du trône. Est réglée par la
loi ou par la coutume, I, 56. — Ses
diverses sortes, 57, 215. — L'ondée

sur la force est nulle, 58. — Ses
avantages et ses inconvéniens, 59 à
64.

Héritier. Présomptif. — Ses droits
I, 57.

Herva. Opinion qu'il soutenait au
sujet des esclaves détenus pour loyer,
II, 162.

Hobbes. Pense que les hommes
sont par la nature dans un état de
guerre, I, 173. — Division qu'il
donne à la loi naturelle, 343.

Hollande. Dissensions intérieures
en 1786 et 1787, I, 366. (Voy.
Provinces-Unies).

Homme. Ses facultés intellectuelles,
I, 18.—Son instinct.—Son caractère
moral.—Source d'où découlent ses
vices et ses vertus, 18.—Ses facultés
morales, 19. — Son éducation, *ibid.*
—Ses besoins, *ibid.* et 170, 171, 172.

I.

J.

exempts de celle du pays qu'ils habitent, I, 327. — Un souverain qui voyage la conserve-t-il sur les personnes de sa suite? 342.

Jurisprudence. Comment elle se forme.—Est un supplément au texte précis des lois, I, 90.—Celle de la France au sujet de la navigation des neutres, II, 149.

Jury. Peut-il prononcer sur la question intentionnelle? I, 231.—Erreurs qu'il peut commettre, même relativement aux faits, 232. — Peut-il être établi dans tous les gouvernemens? 235.

Justiciabilité. A l'égard des étrangers est un point positif du droit des gens, I, 321.

Justin. Ce qu'il dit de l'origine du gouvernement monarchique, I, 208.

Justinien. Définition qu'il donne du droit naturel, I, 169.—De l'usucapion et de la prescription, 369.

Justitium. Ce que les Romains appelaient ainsi, I, 161.

K.

Koran. Règle l'état religieux et la jurisprudence civile et criminelle, I, 191.—Ses dispositions au sujet du talion, 379.

L.

Lacs (les.) Soumis aux mêmes règles que les fleuves, I, 310.

Langue. Sujet de discussions fréquentes dans les communications diplomatiques, II, 261, 308.—Usages à cet égard, *ibid.*—Française a prévalu, *ibid.*—Réserves à ce sujet, 262.

Légation (Droit de) De la part des états de l'empire, très compliqué.— A donné lieu à beaucoup de contestations, II, 308.

Législateur, t. 46.—La fonction de législateur peut être indépendante de celle de souverain, I, 47, 48, 49. —Ses devoirs et ses fonctions, 225.

Leibnitz. Son opinion sur les idées innées, I, 170.

Lettres de créance. Définition, II, 253.—Leur forme varie suivant les pays, II, 254.—Cessent d'être valables en cas de mort du souverain qui les a données ou de celui qui les a reçues, II, 255.

Lettres de marque. Leur objet II, 69. —Le souverain seul en accorde, *ibid.* —Consacrées par l'usage, 70.—Quelquefois accordées à des particuliers en temps de paix, 153.

Lettres de rappel. Terminent la mission d'un ambassadeur, II, 254.

Lettres de récréance. Réponse aux lettres de rappel, II, 254.

Liberté. Faculté inhérente à l'homme, I, 170.—Sens indéterminé de ce mot, 49.—Abus qu'on en a fait, *ibid.* 211.

Liberté. De se séparer d'une société politique, I, 34.

Liberté civile. En quoi elle consiste, I, 31.—Peut exister dans un état despotique, *ibid.*

Liberté de la presse. Voy. Presse.

Liberté du commerce. Voy. Commerce.

Liberté politique. Définition, I, 51. —Plus ou moins grande ou assurée selon la forme du gouvernement, I, 51, 52, 211.

Liberté primitive et naturelle. En quoi elle consiste, I, 50.

Liberté sociale. Se divise en civile et en politique, I, 50.

Ligue. (Voy. *Coalition*.)

Limites (*les*) Importance de leur fixation, I, 160.—Leur violation est un attentat à l'indépendance des nations, I, 162.

Limites (*Traités de*). Nécessité de la précision et de la clarté dans les actes de cette espèce, I, 261.—Exemples. —L'ambiguité du traité de 1748, au sujet des limites de l'Acadie, fournit à l'Angleterre une nouvelle occasion d'attaquer la France en 1755, I, 346. —Leur fixation en Amérique donne lieu à diverses querelles entre l'Espagne et le Portugal, I, 346, 350.

Loi naturelle. Appliquée aux nations, I, 24.—Plus proprement appelée raison naturelle, *ibid.* 175.

Lois. En général, I, 93.—Ont la même origine que les gouvernemens, 94.—Longtemps transmises par la tradition, *ibid.*—Doivent être puisées dans la raison naturelle, 95, 228. —Leur rédaction, 97, 98, 219.— Leur interprétation, 91, 99, 227.— Leur réforme, 100.—Leur uniformité est-elle un avantage? 101.—Elles peuvent être divisées en trois classes, 102.—Règles pour constater leur existence et leur authenticité, *ibid.*

Lois (*Corps de*). Les Romains n'en ont point eu jusqu'à Justinien, I, 228.

Lois criminelles. Leur objet, I, 106. —Comprennent la punition et la satisfaction, 107, 230.

Lois positives. Devenues nécessaires par l'altération des mœurs primitives, I, 94.

Lois privées ou civiles. Leur objet, I, 104. Leur application, 105, 229.

Lois publiques. Sont fondamentales ou réglementaires, I, 103.

Louis XI. Désavoue Martigny et charge le parlement de lui faire son procès, II, 308.

Louis XIV. Renonciation qu'il fait en épousant l'infante Marie-Thérèse, I, 216.—Cherche les moyens de diminuer la prépondérance de l'Espagne, II, 95.—Sa conduite politique, II, 158.—Dangers auxquels l'a exposé l'opinion que l'on avait de son ambition, II, 159.—Sa gloire soutenue par ses ministres, II, 171.—Ce qu'il écrit à Colbert, 172.—Blâmé d'avoir forcé le doge de Gênes de se rendre à sa cour, 243.

Louis XVI. Forcé à l'inexécution du pacte de famille par l'assemblée constituante, I, 363.—Offre sa médiation pour la succession de Bavière, I, 365. —Intervient par sa médiation entre l'Autriche et la Hollande, I, 365.— Résumé de sa conduite politique, II, 284.—Rend à la France sa considération, II, 285.—Conclut en 1777 une alliance avec la confédération helvétique, *ibid.*—Intervient comme conciliateur entre l'Espagne et le Portugal, 286.—Conclut en 1778 un traité de commerce avec les États-Unis.—Les soutient dans la guerre avec l'Angleterre, *ibid.*—Conclut le traité de paix de 1783, 287.—Est médiateur de la paix de Teschen, 288.—S'interpose entre l'Autriche et la Hollande, *ibid.*—Conclut une alliance avec ce dernier pays, 289. —Rétablit la paix entre l'empire ottoman et la Russie, 290.

M.

MACHIAVEL. Son témoignage invoqué au sujet de la religion, I, 153.— Établit comme motif d'une conduite sage de la part des souverains la crainte du mécontentement du peuple, II, 175.—Sa doctrine sur la vertu dans un prince, opposée à celle de Montesquieu, II, 284.

MAJESTÉ. Qualification donnée aux têtes couronnées, I, 37.—Signification première de ce mot, I, 202.—Comment il est successivement devenu commun à tous les empereurs et rois, I, 203.

Manifeste. Préalable nécessaire pour faire connaître la cause et la justice des hostilités, II, 11.

Mariage. Plusieurs causes morales et politiques concourent pour le rendre nécessaire, I, 219.

MAXIMILIEN Ier. Ne prenait jamais aucun conseil, II, 284.

Médiateur. Ses fonctions, II, 111.—Distinction entre le médiateur et l'arbitre, *ibid.*—Offre souvent de lui-même ses bons offices, *ibid.*—Dans quels cas il lui est difficile d'être impartial, 112, 160.—Garant des traités conclus sous sa médiation, 112, 161.—(Voy. *Médiation.*)

Médiation. Proposée quelquefois par l'allié d'une des parties belligérantes, II, 112.

Mensonge. Est-il permis en politique? II, 280, 313.

Mer. Ses avantages pour l'espèce humaine, II, 296.—Est du ressort du droit des gens aussi bien que la terre, *ibid.*—Baignant les côtes d'un état est censée en faire partie, 300.—Évaluations diverses de l'étendue de cette propriété, *ibid.*, 375, 376.

Mer (Liberté de la), I, 296.—Discussions à ce sujet, 371, 372.—Est incontestable à l'égard de l'Océan, 297.—Difficultés au sujet des autres mers, *ibid.*—Elle n'existe que pour les nations, 304.—Est-elle aussi indéfinie en temps de guerre qu'en temps de paix? II, 56.—Est détruite à l'égard des nations en guerre, 57.

Mer (Usage de la). Dans les golfes, ra-

des, etc.—Règles à ce sujet, I, 301, 376.

Mers closes. Principes qui règlent leur navigation, I, 299, 375.

Mers particulières. Quels principes leur sont applicables; I, 297.—Prétentions auxquelles elles ont donné lieu, I, 298, 372.

MÉZERAY. Son jugement sur Henri III, II, 176.

Militaire (État). Hors de proportion en Europe avec les besoins de chaque puissance.—Dangers et inconvéniens qui en résultent, I, 240, 243.—(Esprit.) (Voy. *Esprit.*)

Ministres. Leur utilité pour le souverain.—Garantie qu'offre leur responsabilité, II, 170.—Importance de les bien choisir, *ibid.*—Qualités qui leur sont nécessaires, II, 233.—Leur influence sur les affaires, II, 235.—Nécessité pour un ministre de s'adjoindre des collaborateurs éclairés, II, 237.

Ministres publics. Leurs devoirs.—Leurs fonctions, II, 244.—En temps de paix peut-on refuser de les recevoir? 245.—Peut-on en recevoir de la part d'un usurpateur? 246.—Leurs domestiques, 251.—Distinctions à ce sujet, *ibid.*—Manière dont ils se légitiment, 253.—Doivent être réservés dans les communications par écrit, 259.—Voy. *Agens politiques, Ambassadeur, Négociateur.*

Mœurs. Base de la législation des premières sociétés, I, 21.—Doivent-elles influer sur les lois ou les lois sur elles? 96.—Double signification de ce mot, I, 96, 140.

MOÏSE. Premières lois écrites par lui, I, 94.—Dispositions de ses lois sur le talion, 378.

Monarchie. Définition, I, 35.—Absolue, 35.—Tempérée, 36.

Monarque. Réunit en sa personne la représentation et l'action de la souveraineté, I, 37.

MONTESQUIEU. Définition qu'il

donne de la tyrannie, I, 41. — Ce qu'il dit de l'abus de la liberté, 49. — De l'uniformité des lois, 101. — Maximes sur la vertu et sur l'honneur, 134 et 247. — Considère la religion comme le meilleur garant de la probité des hommes, 142. — Pense qu'il faut qu'un père soit animé de l'amour de la patrie pour l'inspirer à ses enfans, 145. — Dans quel sens il emploie le mot de droit naturel, 176. — Considère le despotisme comme la réunion de tous les pouvoirs, 183. — Erreur sur le sort de la propriété en Turquie, 192. — Réfuté au sujet du despotisme, 194. — Ses maximes sur la bonté ou les vices des différentes espèces de gouvernement, 205. — Distinctions qu'il fait entre la liberté et l'indépendance, 211. — Ne voit la liberté politique que dans les gouvernemens modérés, *ibid.* — Comment il traite la question de l'escla-

vage, 220. — Ce qu'il pense des lettres de grace, 231. — Pense que les conjonctions illicites contribuent peu à la propagation de l'espèce, 243. — Dit que les peuples qui n'ont pas de prêtres sont ordinairement barbares, 254. Quels sont selon lui les principes du droit des gens, 344. — Cité au sujet du talion, 379. — Blâme la guerre hors le cas de nécessité, II, 133. — Sa doctrine à l'égard des prisonniers, 140. — Avance que dans les monarchie on emploie pour la politique le moins de vertu que l'on peut, 177.

Morale. Publique et privée, I, 140, 141. — A sa source dans la raison naturelle éclairée par la religion, 141, 142. — Elle supplée à la loi, 142. — Son importance pour les gouvernemens, 143.

Munitions de guerre. (V. *Guerre*).

N.

Nation. Est la source de la souveraineté, I, 44. — N'indique qu'un être moral, 45. — Ne peut produire une action sur elle-même, *ibid.*

Nations. Leur rapports entre elles sont fondés sur le sentiment naturel de propre conservation, I, 23, 257. — Et sur leur indépendance réciproque, II, 23. — Ont toutes des droits égaux, I, 23. — Ne sont que des individus, les unes par rapport aux autres, 253. — Leur indépendance, 257, 260. — Moyens d'acquérir entre elles, 290. — Leur prospérité incompatible avec l'état de guerre, II, 200.

Nature. État de nature de l'homme, I, 20.

Naufrage. Usage barbare à ce sujet, I, 304. — Droit de recueillir ce qui en provient. — A quelles règles il est soumis, I, 305.

Navigation. Contrariété de principes et d'opinions à ce sujet, I, 267.

Navigation (Acte de). En temps de guerre, II, 55. — En Angleterre. — Prôné sans qu'on en ait examiné ni le but ni les principes, I, 267. — Ne saurait être adopté comme règle générale par toutes les nations, I, 268, 352.

Navigation (Droit de). Illimité en vertu de la liberté de la mer, I, 298, 308.

Navigation des fleuves, I, 308. — En temps de guerre, II, 55.

Négociateurs. Leurs immunités, II, 104. — Leur cérémonial, *ibid.* — Doivent connaître parfaitement la langue dans laquelle ils traitent, 115. — Doivent dans l'occasion savoir courir le risque d'être désavoués, 268, 308, et suivant. — Nécessité de leur donner de la latitude, 267. — Leurs qualités et leur conduite, 277, 281.

Négociations. Des préliminaires.—Souvent soumises à l'influence des événemens militaires, II, 103, 159.—Se font verbalement ou par écrit, 259.—Exemples, *ibid.* 262, 263.—Confiées à plusieurs personnes à la fois, chacune d'elles peut-elle négocier séparément? 268.

Neutralité. Suppose la plus parfaite impartialité, II, 52.—Ses effets, 52, 145.—Précaire, rarement respectée, 53.

Neutralité armée. De 1780, II, 66, 153.—De 1800, 153.

Neutres. Leurs obligations.—Leurs droits, II, 53, 145.—L'usage de la mer libre pour eux en temps de guerre.—Restrictions à ce sujet, 58.—Jusqu'où s'étend l'immunité de leur pavillon et de leur chargemens, 63.—Jurisprudence de la France à ce sujet, 148.

Note. Verbale ou non signée, II, 259.—Confidentielle, 260.

Nicolas V. Sa bulle au sujet des découvertes des Portugais, I, 346.

O.

Obrecht. Son traité *De necessaria defensione*, I, 230.

Océan (Droit maritime dans l'). (Voy. Mer.)

Occupation (*Première*). Définition.—Moyen légitime d'acquérir quand elle ne blesse les droits de personne, I, 291, 367, 368.

Oligarchie, I, 38.

Ossat (Cardinal d'). Mettait un grand prix à l'opinion que l'on avait de sa sincérité, II, 312. — Manière dont il se justifie d'un mensonge nécessaire, 313.

Otages (les). Définition, II, 32.—Leurs obligations, leurs droits et devoirs, 32 et suiv.—Motifs pour lesquels on en exige, *ibid.*—Droits de l'ennemi sur eux, 33, 35 et 143.—Peut-on les mettre à mort? *ibid.* — Cas dans lesquels on peut en enlever, II, 34.—Peut-on en prendre pour assurer l'acquittement des contributions de guerre? 36.—Assimilés aux prisonniers de guerre lorsqu'il est permis aux armateurs d'en recevoir pour la rançon, 37, 143. — Exigés pour la sûreté d'une trève, 77.

Ottoman (Empire). (Voy. Turquie.)

P.

Pacte de famille. Entre la France et l'Espagne, I, 275.—Dispensait de l'examen du *Casus fœderis*, 362.

Paix. Elle est le but direct de la guerre, II, 96. — Doit avoir pour base les motifs mêmes de la guerre, 100.—Circonstances dans lesquelles elle est un devoir, 101.—Démarches pour la préparer, *ibid.* — Ses conditions, 105.

Paix (*Traités de*), II, 100.—Sont de deux espèces.—Préliminaires, *ibid.* et 159. — Cas dans lesquels ils ont lieu, *ibid.*—Font ordinairement cesser les hostilités, *ibid.* — Leur effet dépend des traités définitifs, *ibid.*—Définitifs, *ibid.*—Leurs effets, 103, 121, 162. — Clauses relatives aux alliés. (Voy. *Alliés.*)—Ne sont obligatoires que du moment de leur ratification, 103. — Leur rédaction.—Préceptes à ce sujet, 108, 109. — Leur exécution, 113, 161.—Ordinairement déterminée par un article

Politique intérieure, II, 166.—Principes sur cet objet, *ibid* et suiv.

Politique des peuples anciens avait pour unique objet d'envahir, II, 212.

Politique européenne depuis les temps les plus reculés jusqu'à la révolution française.—Tableau abrégé, II, 212, 217, 298.

Politique (Formes de la). II, 241.

Politique (Matière de la). II, 241.

POLOGNE. République anarchique avec un roi, I, 40.—Son gouvernement, 195. — A presque constamment été la proie des étrangers, t, 215.

POLYBE. Ce qu'il dit des ruses et stratagèmes.—Indique les bases du système d'équilibre, II, 297.

Population. Fait la force des états, I, 117.—Causes de son accroissement et de sa décadence, *ibid* et 243.—Ne doit pas être favorisée par des lois pénales contre l'émigration, 119. — Ne doit subsister que par le mariage, 119, 243.

PORTUGAIS. Leurs prétentions sur la propriété des mers qui baignent une partie de l'Afrique, I, 373.

PORTUGAL. Sa querelle de limites avec l'Espagne, au 15ᵉ siècle, I, 346.

Possession (Prise de). Lorsqu'elle est momentanée et passagère ne suffit pas pour établir le droit de propriété, I, 293.

Postliminie (Droit de).—Fait rentrer un prisonnier sur parole dans l'exercice de ses droits de citoyen, II, 31.—Relativement à la guerre.—Définition, 78. — Ses effets, *ibid*.—Les immeubles vendus par l'ennemi durant la guerre jouissent-ils de ce droit? 79. — A-t-il lieu en faveur d'une ville ou d'une province qui s'est soumise volontairement à l'ennemi? 80.

Pouvoirs. Il y en a deux dans toute société civile, I, 80.

Pouvoir législatif, I, 31.—La ma-

nière dont il est organisé détermine la forme du gouvernement, 83.

Pouvoir exécutif, I, 31, 83, 226.—Exerce la souveraineté. —Représente la nation dans tous ses attributs extérieurs.—Doit connaître et pratiquer les principes du droit des gens, 84.—N'est pas responsable de ses actions, *ibid*.—(Exécutif.) Utilité de sa participation à la confection de la loi, 86, 87, 226. — Remèdes contre ses empiétemens, 87, 226.

Pouvoir judiciaire, I, 88.—N'est qu'une émanation du pouvoir exécutif, *ibid*.—Doit être soustrait à toute influence supérieure, *ibid*.

Préliminaires. (Voy. *Paix* et *Négociations*.)

Premier occupant. Peut-on se saisir à ce titre de tout ce qui appartient à l'ennemi? II, 81, 155.

Premier venu (Droit de). En quoi il consiste, I, 298.

Prépotence. Ne doit pas être affectée par les grandes puissances, II, 194.

Prescription. Définition, I, 294.—Ne peut être établie que par une loi, par conséquent ne saurait exister entre nations, *ibid*, 303 et 369.

Préséance. (Voy. *Rang*.)

Presse (Liberté de la). Est un des objets les plus importans de la police des états.—Ne peut exister dans un gouvernement tyrannique.—Est précaire dans un gouvernement absolu, I, 238.—A de grands inconvéniens dans un gouvernement nouveau, I, 238.—Précautions nécessaires pour en prévenir ou réprimer les abus, *ibid* et 239.

Prises. Conduites dans un port neutre.—Règles à leur égard, II, 72.—Ne deviennent la propriété du capteur qu'après un jugement, II, 73.—Quel en est le juge compétent, *ibid*.

Prisonniers. Le droit d'en faire conséquence du droit de faire la guerre, II, 22.—Ne peuvent recou-

R.

S.

T.

saire à la tranquillité des nations, II, 118.

Traité de Lunéville. A étendu la puissance de la France sur le continent, II, 298.

Traité de Westphalie. L'empire ne pouvait rien conclure qui y fût contraire, I, 353. — Rempli d'imperfections, II, 109.

Traité d'Amiens. D'autant plus honorable pour la France, qu'elle ne pouvait appuyer ses demandes sur des succès maritimes, II, 298.

Transitus innoxius. (Voy. *Passage.*)

Trève. Indéfinie ou à long terme exige la ratification, II, 76. — Ses effets, *ibid.* — Ces sortes de conventions doivent être rédigées avec autant de précision que de clarté, 155. — Nécessité d'en bien déterminer le commencement et la fin, 76.—N'est point rompue par des entreprises particulières non autorisées, 77.

Troubles intérieurs. Leurs différentes espèces, I, 156.—Partis, factions, séditions, guerre civile, 156 à 167. —Conduite qu'ils exigent de la part du souverain, II, 175. — Conduite qu'ils autorisent de la part des puissances étrangères, 222.

Turcs. Ne traitent que dans leur langue, II, 261. — Omission d'une exception en leur faveur dans le traité de 1756, entre la France et l'Autriche, 295.

Turquie. Les janissaires y sont maîtres de l'empire, I, 259.— Son gouvernement, 191. (Voy. Turcs.)

Tyrannie. Acception de ce mot chez les anciens, *ibid.*—Chez les peuples modernes. — Définition qu'en donne Montesquieu, I, 41. — Ce qu'en dit Cicéron, 204.

U.

Union Germanique. Produite par la crainte qu'inspirait le caractère de Joseph, II, 294.

Usucapion. Définition suivant le droit romain, I, 369.

V.

Vattel. La distribution de son ouvrage puisée dans celui de Wolff, I, 4.— Sa doctrine du domaine éminent, 181.—Définition du droit des gens, 344.—Citation inexacte qu'il fait de Grotius et Puffendorff au sujet de la prescription, 369. — Pense qu'on peut même avant la déclaration de guerre l'établir en pays ennemi, II, 138.—Son opinion sur les alliances défensives conclues avant une guerre, 144.

Venise. Gouvernement aristocratique, I, 203.—Réclamait le domaine suprême sur la mer Adriatique, 373.

Vergennes. Courage qu'il montre relativement à l'alliance avec l'Autriche, II, 293. — Sa conduite honorable à Constantinople, 312.

Vertu. Inséparable de l'honneur. —Erreur de Montesquieu à ce sujet, I, 134, 135, 247. II, 177, 284.

Vienne (Cour de). Requiert en 1778 la France de remplir les engagemens stipulés par le traité de 1756, I, 365.

Visites. Leur but et leurs effets, II, 59.—Cas dans lesquels elles sont un acte de violence, 61.— Leur forme, 65. — Reglées par des traités ou par l'usage, *ibid.* et 152.

Visite (Droit de). Sur quels princi-

W.

FIN.